भीतर की ज्योति

बच्चों में सृजनशीलता का विकास

डॉ. मीनाक्षी बंसल

|| समस्त संसार के ज्ञान-प्रेमियों को समर्पित ||

जो सत्य की खोज में, ज्ञान की राह पर अग्रसर हैं।
जिनकी जिज्ञासा कभी थमती नहीं, और जिनका उद्देश्य केवल आत्मविकास ही
नहीं, बल्कि संसार के कल्याण का भी है—यह कृति उन सभी साधकों को सादर
अर्पित है।

৽

क्रम-सूची

क्रम-सूची

प्रार्थना

ॐ भद्रं कर्णेभिः शृणुयाम देवाः।
भद्रं पश्येमाक्षभिर्यजत्राः।
स्थिरैरंगैस्तुष्टुवांसस्तनूभिः।
व्यशेम देवहितं यदायुः।
स्वस्ति न इंद्रो वृद्धश्रवाः।
स्वस्ति नः पूषा विश्ववेदाः।
स्वस्ति नस्ताक्ष्र्यो अरिष्टनेमिः।
स्वस्ति नो बृहस्पतिर्दधातु।
ॐ शांतिः शांतिः शांतिः।

यह मंत्र सार्वभौमिक कल्याण के लिए प्रार्थना है। इसमें विभिन्न देवताओं से सुरक्षा, स्वास्थ्य और सुख के लिए आशीर्वाद की याचना की गई है। यह मंत्र सभी इंद्रियों से शुभ का अनुभव करने और दिव्य उद्देश्य के साथ जीवन जीने के महत्व को रेखांकित करता है।

इंद्र, पूषा, ताक्ष्र्य (गरुड़) और बृहस्पति की कृपा से यह प्रार्थना जीवन में कल्याण और शांति की कामना करती है। अंत में "ॐ शांतिः शांतिः शांतिः" तीन बार दोहराने का अर्थ है - व्यक्तिगत, पर्यावरणीय, और वैश्विक स्तर पर शांति की गहन कामना। यह मंत्र शांति, समृद्धि और सभी प्राणियों के शारीरिक एवं आध्यात्मिक कल्याण के लिए पाठ किया जाता है।

लेखिका के बारे में

डॉ. मीनाक्षी बंसल, जो भारत की राजधानी दिल्ली में जन्मीं, ने अपनी ज़िंदगी कला, शिक्षा, और समाज कल्याण के प्रति गहरी प्रतिबद्धता के साथ बिताई है। विवाह के बाद, उन्होंने अहमदाबाद, गुजरात को अपना नया निवास स्थान बनाया, जहाँ वे प्रेरणा का स्रोत बनकर उभरीं। डॉ. मीनाक्षी न केवल ललित कला की कुशल कलाकार हैं, बल्कि एक प्रतिष्ठित लेखिका, समर्पित समाजसेविका और मनोविज्ञान की विद्वान शोधकर्ता भी हैं। उनका जीवन, विशेष रूप से समाज के वंचित और पिछड़े बच्चों के उत्थान के प्रति समर्पण, सहभागिता और सहानुभूति की शक्ति में उनके गहरे विश्वास का परिचायक है।

अपने प्रारंभिक दिनों से ही मीनाक्षी ने पढ़ने के प्रति एक अदम्य लगन दिखाई। उनके साहित्यिक संसार में नैतिक कहानियाँ, प्रेरणादायक कथाएँ, और जीवन पाठों से परिपूर्ण पौराणिक गाथाएँ शामिल थीं। यह पढ़ने की आदत केवल व्यक्तिगत विकास के लिए नहीं थी, बल्कि छात्रों और सहकर्मियों के विकास के लिए इन कहानियों के सार को साझा करने की इच्छा से प्रेरित थी। वे विशेष रूप से आदि शंकराचार्य, स्वामी विवेकानंद, डॉ. एपीजे अब्दुल कलाम, महामना पंडित मदन मोहन मालवीय, महात्मा गांधी, सरदार वल्लभभाई पटेल, और विनोबा भावे जैसे ऐतिहासिक और आध्यात्मिक नेताओं के जीवन और शिक्षाओं से प्रभावित थीं। उनके विचार और जीवन कथाएँ मीनाक्षी को दृढ़ता, निःस्वार्थता और ज्ञान की खोज के आदर्शों को अपनाने के लिए प्रेरित करती रहीं।

डॉ. मीनाक्षी का मनोविज्ञान में शैक्षणिक और व्यावहारिक योगदान भी उल्लेखनीय है। एक शोधकर्ता के रूप में, उनका ध्यान मानव मन की जटिलता को समझने और मनोवैज्ञानिक कल्याण और सामाजिक समरसता के लिए संभावनाओं को उजागर करने पर केंद्रित रहा है। उनके सामाजिक कार्यों में, वे अपने अकादमिक ज्ञान को समाज के वंचित वर्गों के जीवन में वास्तविक परिवर्तन लाने के लिए उपयोग करती हैं। उनका समाज सेवा का दृष्टिकोण पारंपरिक ज्ञान और आधुनिक मनोवैज्ञानिक पद्धतियों का अनूठा संयोजन है, जो समाज के बहुआयामी मुद्दों का समाधान करता है।

उनकी कलात्मक प्रतिभाएँ, जो उनके विविध कौशल का एक और पहलू हैं, केवल व्यक्तिगत रुचि तक सीमित नहीं हैं। उनकी कला प्रतीकात्मकता और भावनात्मक गहराई से भरपूर होती है, जो उनके दार्शनिक विचारों और सामाजिक चिंताओं को व्यक्त करती है। उनकी रचनाएँ दर्शकों को उनके बुद्धिमत्ता और करुणा की गहराई में झांकने का अवसर प्रदान करती हैं।

कला और समाज विज्ञान के अतिरिक्त, डॉ. मीनाक्षी ने प्राणिक हीलिंग की उपचार कला में भी महारत हासिल की है, जिसे मास्टर चोआ कोक सुई ने विकसित किया था। यह पद्धति, जो शरीर और आभा को ठीक करने के लिए प्राण या जीवन ऊर्जा के उपयोग पर केंद्रित है, न केवल उनके लिए एक व्यक्तिगत खोज रही है, बल्कि दूसरों को उपचार प्रदान करने का एक माध्यम भी है। प्राणिक हीलिंग में उनकी दक्षता विभिन्न प्रकार के ध्यान सिखाने और अभ्यास के साथ पूरी होती है, जो व्यक्तियों और समुदायों में पुनरुत्थान, व्यक्तिगत विकास और समरसता के संवर्धन पर केंद्रित है।

डॉ. मीनाक्षी का जीवन केवल व्यक्तिगत उपलब्धियों की खोज नहीं है, बल्कि समाज के उत्थान और सशक्तिकरण के प्रति समर्पित एक यात्रा है। उनकी विविध रुचियाँ और प्रतिभाएँ—कला, साहित्य, मनोविज्ञान, और उपचार पद्धतियों को जोड़ती हुई—सेवा के एकमात्र पथ पर केंद्रित हैं। वे उन महान हस्तियों की भावना को आत्मसात करती हैं, जिन्होंने उन्हें प्रेरित किया, और अपने कार्यों और शिक्षाओं के माध्यम से उनकी विरासत को आगे बढ़ाती हैं। अपनी पुस्तकों, कला और सामाजिक पहलों के माध्यम से, वे नई पीढ़ी को आत्म-खोज, दृढ़ता और निःस्वार्थता की यात्रा पर चलने के लिए प्रेरित करती हैं।

समाज कल्याण के प्रति उनकी प्रतिबद्धता, विशेष रूप से वंचित बच्चों के उत्थान पर ध्यान केंद्रित करना, शिक्षा और व्यक्तिगत विकास की परिवर्तनकारी क्षमता की उनकी गहरी समझ को दर्शाती है। मनोविज्ञान, कलात्मक संवेदनशीलता और उपचार पद्धतियों के ज्ञान को जोड़कर, डॉ. बंसल ने एक समग्र दृष्टिकोण विकसित किया है जो न केवल तात्कालिक आवश्यकताओं बल्कि समुदायों की दीर्घकालिक भलाई को भी संबोधित करता है।

एक लेखिका के रूप में, डॉ. मीनाक्षी की रचनाएँ प्रेरणादायक अंतर्दृष्टियों,

व्यावहारिक ज्ञान और उनके विस्तृत अध्ययन और जीवन के अनुभवों से लिए गए चिंतनशील विचारों का मिश्रण प्रस्तुत करती हैं। उनकी पुस्तकें उन लोगों के लिए मार्गदर्शिका के रूप में कार्य करती हैं, जो जीवन की जटिलताओं को अनुग्रह, दृढ़ता और उद्देश्य के साथ नेविगेट करना चाहते हैं। अपनी कहानियों के माध्यम से, वे अपने पाठकों को अपने भीतर की गहराइयों का पता लगाने और समाज की सामूहिक भलाई में अर्थपूर्ण योगदान देने के लिए आमंत्रित करती हैं।

डॉ. मीनाक्षी बंसल में हमें एक अद्वितीय कलाकार, विद्वान, उपचारकर्ता और सामाजिक कार्यकर्ता का अद्भुत समन्वय मिलता है। उनका जीवन कार्य आशा का प्रतीक और दुनिया में बदलाव लाने की इच्छा रखने वाले व्यक्तियों के लिए प्रेरणा का स्रोत है। उनकी कहानी सहानुभूति और मानवता की भलाई के प्रति गहरी प्रतिबद्धता से प्रेरित व्यक्तिगत प्रयासों की शक्ति की एक प्रेरक याद दिलाती है। डॉ. मीनाक्षी की विरासत केवल उनके प्रयासों के ठोस परिणामों में नहीं है, बल्कि उस स्थायी जिज्ञासा, सहानुभूति और सेवा की भावना में है, जिसे वे प्रतिपादित करती हैं।

प्रस्तावना

विकासशील मानसिकता का समर्थन करना सृजनशीलता और सहनशीलता को बढ़ावा देने के लिए अत्यंत आवश्यक है। वे बच्चे जो यह मानते हैं कि उनके कौशल प्रयास और सीखने के माध्यम से विकसित हो सकते हैं, वे चुनौतियों को स्वीकार करने, असफलताओं का सामना करने और इसे सीखने की प्रक्रिया का महत्वपूर्ण हिस्सा मानने की अधिक संभावना रखते हैं। एक विकासशील मानसिकता को प्रोत्साहित करने का अर्थ है प्रयास और प्रगति की प्रशंसा करना, न कि केवल जन्मजात प्रतिभा की। यह चुनौतियों के प्रति सकारात्मक दृष्टिकोण अपनाने का उदाहरण प्रस्तुत करना और बच्चों को सीखने और विकसित होने के अवसर प्रदान करना है।

तकनीक और डिजिटल सृजनात्मकता बच्चों को अभिव्यक्ति और नवाचार के नए रूपों को अन्वेषण करने के लिए रोमांचक अवसर प्रदान करती हैं। डिजिटल उपकरण और प्लेटफॉर्म बच्चों के रचनात्मक कौशल को बढ़ा सकते हैं, उनके काम को साझा करने और सहयोग करने के नए तरीके प्रदान कर सकते हैं, और सीखने और अन्वेषण के लिए नए अवसर खोल सकते हैं। हालांकि, यह सुनिश्चित करना महत्वपूर्ण है कि डिजिटल गतिविधियों को हाथों-हाथ और वास्तविक दुनिया के अनुभवों के साथ संतुलित किया जाए और बच्चों को जिम्मेदारी और रचनात्मकता से तकनीक का उपयोग करने में मार्गदर्शन दिया जाए।

सहयोग और टीम वर्क रचनात्मक विकास के लिए आवश्यक कौशल हैं। रचनात्मक परियोजनाओं पर दूसरों के साथ काम करना बच्चों को विभिन्न दृष्टिकोणों का मूल्य, संचार और सहयोग का महत्व, और साझे उपलब्धि का आनंद सिखाता है। समूह परियोजनाओं, प्रस्तुतियों और सामुदायिक आयोजनों जैसे सहयोगी गतिविधियों के अवसर प्रदान करना बच्चों को इन कौशलों को विकसित करने और मजबूत, सहायक संबंध बनाने में मदद करता है।

रचनात्मक उपलब्धियों का उत्सव मनाना सृजनशीलता के मूल्य को मजबूत करने और आगे अन्वेषण करने के लिए प्रोत्साहित करना आवश्यक है। बच्चों के रचनात्मक प्रयासों को पहचानना और सम्मानित करना, चाहे वह प्रशंसा,

पुरस्कार, प्रदर्शनियों, या प्रस्तुतियों के माध्यम से हो, उनके आत्म-सम्मान को बढ़ावा देता है और उन्हें अपनी रुचियों को आगे बढ़ाने के लिए प्रेरित करता है। ये उत्सव बच्चों को अपने काम को दूसरों के साथ साझा करने, सकारात्मक प्रतिक्रिया प्राप्त करने और उनके योगदानों के लिए मूल्यवान महसूस कराने के अवसर भी प्रदान करते हैं।

इस पुस्तक को लिखते समय, मैंने एक शिक्षिका, एक माँ और एक आजीवन शिक्षार्थी के रूप में अपने अनुभवों को साझा किया है। मुझे उन अद्भुत बच्चों की रचनात्मकता और सहनशीलता से प्रेरणा मिली है, जिनके साथ काम करने का मुझे सौभाग्य मिला है, और उन माता-पिता और शिक्षकों की समर्पण भावना से भी, जो हर बच्चे के भीतर की चिंगारी को प्रज्वलित करने के लिए प्रतिबद्ध हैं। मेरी आशा है कि यह पुस्तक उन लोगों के लिए मूल्यवान अंतर्दृष्टि, व्यावहारिक रणनीतियाँ और प्रेरणा प्रदान करेगी, जो बच्चों में सृजनशीलता को बढ़ावा देने और उन्हें उनकी पूरी क्षमता तक पहुँचने में मदद करना चाहते हैं।

जैसे हम इस यात्रा की शुरुआत करते हैं, हमें यह याद रखना चाहिए कि हर बच्चे के भीतर सृजनशीलता की एक अनोखी चिंगारी छिपी होती है, जिसे पोषित किया जाना चाहिए। एक सहायक और प्रेरणादायक वातावरण प्रदान करके, अन्वेषण और अभिव्यक्ति को प्रोत्साहित करके, और प्रत्येक बच्चे के अद्वितीय योगदान का उत्सव मनाकर, हम उन्हें बदलती दुनिया में फलने-फूलने के लिए आवश्यक कौशल, आत्मविश्वास और सहनशीलता विकसित करने में मदद कर सकते हैं। मेरी सच्ची आशा है कि यह पुस्तक माता-पिता, शिक्षकों और बच्चों के विकास में भूमिका निभाने वाले सभी लोगों के लिए एक मार्गदर्शक और प्रेरणा का स्रोत होगी। आइए, मिलकर हर बच्चे के भीतर की चिंगारी को प्रज्वलित करें और उन्हें चमकने में मदद करें।

डॉ. मीनाक्षी बंसल
सामाजिक कार्यकर्ता
अहमदाबाद, गुजरात, भारत

1

बचपन में सृजनशीलता का महत्व

सृजनशीलता बच्चे के विकास का एक अनिवार्य घटक है, जो उनके संज्ञानात्मक, भावनात्मक और सामाजिक विकास को आकार देने में महत्वपूर्ण भूमिका निभाती है। बचपन में सृजनशीलता का महत्व इतना गहरा है कि इसे नज़रअंदाज़ नहीं किया जा सकता, क्योंकि यह महत्वपूर्ण सोच, समस्या-समाधान और अनुकूलनशीलता जैसे कौशलों की नींव रखती है—जो आज की तेजी से बदलती दुनिया में अनिवार्य हैं। सृजनशीलता बच्चों को खुद को व्यक्त करने, अपने परिवेश को समझने और दूसरों के साथ सार्थक तरीके से जुड़ने की अनुमति देती है। सृजनशीलता को बढ़ावा देकर, हम बच्चों को एक मजबूत पहचान, आत्मविश्वास और सीखने के प्रति प्रेम विकसित करने में मदद करते हैं, जो उनके जीवन भर काम आएगा।

बचपन में सृजनशीलता केवल कला बनाने या कल्पनाशील खेलों तक सीमित नहीं है; यह गतिविधियों और सोचने के तरीकों का एक विस्तृत स्पेक्ट्रम शामिल करती है, जो बच्चों को नए विचारों का अन्वेषण करने, समस्याओं को नवीन तरीकों से हल करने और असंबंधित अवधारणाओं के बीच संबंध बनाने में सक्षम बनाती है। इस तरह की सोच संज्ञानात्मक विकास के लिए अत्यंत महत्वपूर्ण है। जब बच्चे सृजनात्मक गतिविधियों में शामिल होते हैं, तो वे अपने मस्तिष्क के कई हिस्सों का उपयोग करते हैं, जिससे तंत्रिका संबंधों को बढ़ावा मिलता है और संज्ञानात्मक लचीलापन बढ़ता है। यह मानसिक चपलता सीखने और नई परिस्थितियों के

अनुकूल होने के लिए आवश्यक है, जो बच्चों को नई चुनौतियों का खुले दिमाग से सामना करने में सक्षम बनाती है।

बच्चों में सृजनशीलता को बढ़ावा देने के सबसे महत्वपूर्ण लाभों में से एक यह है कि यह उनके समस्या-समाधान कौशल को कैसे प्रभावित करता है। रचनात्मक सोच का अर्थ है समस्याओं को विभिन्न दृष्टिकोणों से देखना, कई समाधान उत्पन्न करना, और प्रत्येक विकल्प के संभावित परिणामों का मूल्यांकन करना। यह प्रक्रिया बच्चों को सहनशीलता और दृढ़ता विकसित करने में मदद करती है, क्योंकि वे यह सीखते हैं कि असफलता एक बाधा नहीं है, बल्कि एक अलग दृष्टिकोण के साथ फिर से प्रयास करने का अवसर है। रचनात्मक समस्या-समाधान को प्रोत्साहित करके, हम बच्चों को उन उपकरणों से लैस करते हैं जिनकी उन्हें व्यक्तिगत और शैक्षणिक प्रयासों में जीवन की जटिलताओं को समझने के लिए आवश्यकता होती है।

सृजनशीलता भावनात्मक विकास में भी एक महत्वपूर्ण भूमिका निभाती है। रचनात्मक अभिव्यक्ति के माध्यम से, बच्चे अपनी भावनाओं को समझने और व्यक्त करना सीखते हैं, जो भावनात्मक विनियमन और मानसिक स्वास्थ्य के लिए आवश्यक है। चाहे वह ड्राइंग, लेखन, संगीत या नाटक के माध्यम से हो, रचनात्मक गतिविधियाँ बच्चों को अपनी भावनाओं का एक सुरक्षित और रचनात्मक तरीके से पता लगाने का अवसर प्रदान करती हैं। यह आत्म-अभिव्यक्ति उन्हें अपनी भावनाओं को समझने और उनका सामना करने में मदद करती है, जिससे चिंता कम होती है और भावनात्मक सहनशीलता का निर्माण होता है। इसके अतिरिक्त, सृजनशीलता सहानुभूति को बढ़ावा देती है, क्योंकि यह बच्चों को दूसरों की स्थिति को समझने और अलग-अलग दृष्टिकोणों से जुड़ने की अनुमति देती है।

सामाजिक रूप से, सृजनशीलता बच्चों को महत्वपूर्ण पारस्परिक कौशल विकसित करने में मदद करती है। समूह कला परियोजनाओं, नाटक या संगीत आयोजनों जैसे सामूहिक रचनात्मक गतिविधियाँ बच्चों को प्रभावी ढंग से संवाद करना, विचार साझा करना और एक सामान्य लक्ष्य की ओर मिलकर काम करना सिखाती हैं। ये अनुभव टीमवर्क और सहयोग का निर्माण करते हैं, जो स्वस्थ संबंध बनाने और समूह सेटिंग्स में कार्य करने के लिए आवश्यक कौशल हैं। इसके

अलावा, रचनात्मक गतिविधियाँ अक्सर बातचीत और समझौते की मांग करती हैं, जिससे बच्चे सामाजिक गतिशीलता को नेविगेट करना और निष्पक्षता और सहानुभूति की भावना विकसित करना सीखते हैं।

सृजनशीलता आत्म-सम्मान और आत्मविश्वास को भी बढ़ावा देती है। जब बच्चे रचनात्मक कार्यों में शामिल होते हैं और अपने विचारों को साकार होते देखते हैं, तो उन्हें उपलब्धि और गर्व की भावना प्राप्त होती है। यह सकारात्मक सुदृढ़ीकरण उन्हें जोखिम लेने और नई चीजों की कोशिश करने के लिए प्रेरित करता है, जिससे एक विकासशील मानसिकता का पोषण होता है। एक विकासशील मानसिकता, जो यह विश्वास है कि प्रयास और दृढ़ता के माध्यम से क्षमताओं और बुद्धिमत्ता को विकसित किया जा सकता है, जीवन भर सीखने और सफलता के लिए महत्वपूर्ण है। रचनात्मक उपलब्धियों का उत्सव मनाकर, हम बच्चों को मजबूत आत्म-मूल्य और अपने जुनून को आगे बढ़ाने के आत्मविश्वास का निर्माण करने में मदद करते हैं।

इसके अलावा, सृजनशीलता सीखने के अनुभव को समृद्ध करती है, जिससे यह अधिक आकर्षक और आनंददायक बनती है। पारंपरिक शैक्षणिक विधियाँ अक्सर रट्टा लगाना और मानकीकृत परीक्षणों पर केंद्रित होती हैं, जो कई बच्चों के लिए दबावपूर्ण हो सकती हैं। पाठ्यक्रम में रचनात्मक गतिविधियों को शामिल करना सीखने को अधिक गतिशील और इंटरैक्टिव बना सकता है, जिससे जिज्ञासा और ज्ञान के प्रति प्रेम उत्पन्न होता है। जब बच्चे अपने सीखने की प्रक्रिया में सक्रिय रूप से शामिल होते हैं, तो वे अधिक संभावना रखते हैं कि जानकारी को बनाए रखें और विषय वस्तु की गहरी समझ विकसित करें। रचनात्मक शिक्षण विधियाँ, जैसे प्रोजेक्ट-आधारित शिक्षा, कहानी सुनाना, और व्यावहारिक प्रयोग, कक्षा को एक जीवंत और प्रेरक वातावरण में बदल सकती हैं, जो बौद्धिक विकास को बढ़ावा देती हैं।

सृजनशीलता के संज्ञानात्मक, भावनात्मक और सामाजिक लाभों के अलावा, यह सांस्कृतिक और व्यक्तिगत पहचान के लिए भी अत्यंत महत्वपूर्ण है। रचनात्मक गतिविधियाँ बच्चों को अपनी सांस्कृतिक विरासत, परंपराओं और मूल्यों का

अन्वेषण और सम्मान करने की अनुमति देती हैं। कला, संगीत, नृत्य और कहानी सुनाने के माध्यम से, बच्चे अपनी जड़ों से जुड़ सकते हैं और अपनी सांस्कृतिक पहचान पर गर्व विकसित कर सकते हैं। यह सांस्कृतिक जागरूकता समावेशिता और विविधता के प्रति सराहना को बढ़ावा देती है, जिससे बच्चे अधिक खुले विचारों वाले और विभिन्न पृष्ठभूमियों और दृष्टिकोणों के प्रति सम्मानजनक बनते हैं।

इसके अलावा, सृजनशीलता बच्चों को उनके जुनून और रुचियों की खोज करने में मदद करती है। रचनात्मक अन्वेषण के अवसर प्रदान करके, हम बच्चों को विभिन्न गतिविधियों के साथ प्रयोग करने और यह पता लगाने की अनुमति देते हैं कि उन्हें वास्तव में क्या प्रेरित और उत्साहित करता है। यह आत्म-खोज व्यक्तिगत विकास और विकास के लिए अत्यंत महत्वपूर्ण है, क्योंकि यह बच्चों को उद्देश्य और दिशा की भावना बनाने में मदद करती है। अपने रचनात्मक हितों का पीछा करना विशेष कौशल और प्रतिभाओं के विकास का मार्ग प्रशस्त कर सकता है, जिन्हें वे समय के साथ और भी निखार सकते हैं।

आज के डिजिटल युग में, सृजनशीलता का महत्व और भी अधिक स्पष्ट हो गया है। प्रौद्योगिकी ने हमारे जीने, काम करने और सीखने के तरीकों को बदल दिया है, और इस सतत विकसित परिदृश्य को समझने के लिए रचनात्मक सोच आवश्यक है। डिजिटल उपकरण और प्लेटफार्म रचनात्मक अभिव्यक्ति और सहयोग के नए रास्ते प्रदान करते हैं, जो बच्चों को सोचने और समस्या को हल करने के नवीन तरीकों का अन्वेषण करने में सक्षम बनाते हैं। रचनात्मक गतिविधियों के साथ प्रौद्योगिकी को एकीकृत करके, हम बच्चों को भविष्य की चुनौतियों और अवसरों के लिए तैयार कर सकते हैं, जिससे वे डिजिटल दुनिया में फलने-फूलने के लिए आवश्यक कौशल विकसित कर सकें।

इनके बावजूद, पारंपरिक शिक्षा प्रणालियों में अक्सर सृजनशीलता को कम महत्व दिया जाता है। मानकीकृत परीक्षण और शैक्षणिक प्रदर्शन पर अत्यधिक जोर सृजनशीलता को दबा सकता है, क्योंकि बच्चे सख्त अपेक्षाओं और मानकों को पूरा करने के लिए दबाव महसूस करते हैं। सृजनशीलता को वास्तव में बढ़ावा देने के लिए, हमें शिक्षा के प्रति एक अधिक समग्र दृष्टिकोण अपनाने की आवश्यकता है, जो रचनात्मक सोच को महत्व और प्रोत्साहन देता है। इसमें एक सहायक और

प्रेरक वातावरण बनाना शामिल है, जो बच्चों को बिना असफलता या निर्णय के डर के खोज, प्रयोग और जोखिम उठाने की स्वतंत्रता देता है।

माता-पिता, शिक्षक और देखभालकर्ता बच्चों में सृजनशीलता को बढ़ावा देने में महत्वपूर्ण भूमिका निभाते हैं। रचनात्मक अन्वेषण के अवसर प्रदान करके और उनके रचनात्मक प्रयासों का समर्थन करके, हम बच्चों को अभिनव और अनुकूल व्यक्तियों के रूप में विकसित होने के लिए आवश्यक कौशल और आत्मविश्वास विकसित करने में मदद कर सकते हैं। सृजनशीलता को प्रोत्साहित करने के लिए धैर्य, समझ और अक्सर रचनात्मक प्रक्रिया के साथ आने वाले अव्यवस्था और अप्रत्याशितता को अपनाने की इच्छा की आवश्यकता होती है। इसमें प्रत्येक बच्चे की अनूठी ताकत और प्रतिभाओं को पहचानना और उनका उत्सव मनाना भी शामिल है, जिससे उन्हें अपने तरीके से चमकने का अवसर मिलता है।

अंत में, बचपन में सृजनशीलता का महत्व इतना अधिक है कि इसे कम करके नहीं आंका जा सकता। सृजनशीलता संज्ञानात्मक, भावनात्मक और सामाजिक विकास के लिए मौलिक है, जो बच्चों को जीवन की जटिलताओं को समझने के लिए आवश्यक उपकरण प्रदान करती है। सृजनशीलता को बढ़ावा देकर, हम बच्चों को महत्वपूर्ण सोच, समस्या-समाधान और अनुकूलनशीलता विकसित करने में मदद करते हैं, जो आज की तेजी से बदलती दुनिया में सफलता के लिए आवश्यक कौशल हैं। सृजनशीलता भावनात्मक सहनशीलता, सहानुभूति और सामाजिक कौशल को भी बढ़ावा देती है, जिससे समग्र कल्याण और स्वस्थ रिश्तों में योगदान होता है।

इसके अलावा, सृजनशीलता सीखने के अनुभव को समृद्ध करती है, इसे अधिक आकर्षक और आनंददायक बनाती है, और बच्चों को उनके जुनून और सांस्कृतिक पहचान की खोज में मदद करती है। डिजिटल युग में, रचनात्मक सोच पहले से कहीं अधिक महत्वपूर्ण है, जिससे बच्चों को सतत बदलते परिदृश्य में फलने-फूलने की अनुमति मिलती है। सृजनशीलता को वास्तव में पोषित करने के लिए, हमें शिक्षा के प्रति एक समग्र दृष्टिकोण अपनाने की आवश्यकता है, जो रचनात्मक सोच को महत्व देता है और प्रोत्साहित करता है, बच्चों को खोज और विकास के लिए एक सहायक और प्रेरक वातावरण प्रदान करता है।

"सृजनशीलता वह चिंगारी है जो एक बच्चे की दुनिया को रोशन करती है। यह उनकी जिज्ञासा को बढ़ावा देती है और उन्हें अज्ञात की खोज के लिए प्रेरित करती है। इस चिंगारी को पोषित करना उनकी असीम संभावनाओं को उजागर करने की कुंजी है।"

2

घर पर एक सृजनशील वातावरण बनाना

घर पर एक सृजनशील वातावरण बनाना बच्चों की प्राकृतिक जिज्ञासा को पोषित करने और उनकी कल्पनाशील सोचने की क्षमता को बढ़ावा देने के लिए अत्यधिक आवश्यक है। घर एक बच्चे का पहला और सबसे प्रभावशाली सीखने का स्थान होता है, और यह उनके विकास में महत्वपूर्ण भूमिका निभाता है। एक सृजनशील घर का वातावरण अन्वेषण, प्रयोग और अभिव्यक्ति को प्रोत्साहित करता है, जो आजीवन सीखने और नवाचार की नींव रखता है। ऐसा वातावरण बनाने के लिए माता-पिता और देखभालकर्ताओं को सही भौतिक स्थान प्रदान करने, एक सहायक माहौल तैयार करने और विविध और प्रेरणादायक अनुभव प्रदान करने पर ध्यान केंद्रित करना चाहिए।

घर पर सृजनशील वातावरण बनाने के सबसे बुनियादी पहलुओं में से एक भौतिक स्थान है। रचनात्मक गतिविधियों के लिए एक समर्पित क्षेत्र एक बड़ा अंतर पैदा कर सकता है। यह स्थान बड़ा या विस्तृत नहीं होना चाहिए; यह कमरे का एक कोना या रचनात्मक परियोजनाओं के लिए एक विशिष्ट टेबल हो सकता है। मुख्य बात यह है कि इसे आमंत्रित करने वाला और आसानी से सुलभ बनाया जाए। आर्ट सामग्री जैसे क्रेयॉन, मार्कर, पेंट्स, कागज, गोंद और कैंची को आसानी से उपलब्ध रखना बच्चों को स्वाभाविक रूप से रचनात्मक गतिविधियों में शामिल होने के लिए प्रोत्साहित करता है। इन सामग्रियों को इस तरह से व्यवस्थित करना कि बच्चे आसानी से इन्हें प्राप्त कर सकें और इन्हें वापस सही जगह पर रख सकें,

स्वतंत्रता और उनकी रचनात्मक प्रक्रिया के प्रति स्वामित्व की भावना को बढ़ावा देता है।

आर्ट सामग्री के अलावा, ऐसे अन्य सामग्रियों को शामिल करना भी लाभकारी होता है जो सृजनशीलता को प्रोत्साहित करते हैं। जैसे कि बिल्डिंग ब्लॉक्स, लेगो सेट, पजल और क्राफ्ट किट्स, जो हाथों से खोज और निर्माण के अवसर प्रदान करते हैं। ये सामग्री मोटर कौशल और स्थानिक जागरूकता को विकसित करने में मदद करती हैं, साथ ही समस्या-समाधान और नवाचारपूर्ण सोच को भी प्रोत्साहित करती हैं। इन सामग्रियों को समय-समय पर बदलते रहना रचनात्मक स्थान को ताजा और रोमांचक बनाए रखता है, जिससे बच्चे एक ही चीज़ों से ऊबते नहीं हैं।

भौतिक व्यवस्था से परे, घर का माहौल सृजनशीलता को बढ़ावा देने में एक महत्वपूर्ण भूमिका निभाता है। बच्चे ऐसे वातावरण में फलते-फूलते हैं जहाँ वे सुरक्षित, समर्थित महसूस करते हैं और खुद को बिना किसी निर्णय या असफलता के डर के व्यक्त कर सकते हैं। सृजनशीलता के प्रति सकारात्मक और खुले विचारों वाला दृष्टिकोण प्रोत्साहित करना अत्यंत आवश्यक है। माता-पिता और देखभालकर्ता इस व्यवहार का उदाहरण देकर इसे बढ़ावा दे सकते हैं, जैसे कि अपनी खुद की सृजनशीलता व्यक्त करना और रचनात्मक अभिव्यक्ति के विभिन्न रूपों की सराहना करना। जब बच्चे देखते हैं कि वयस्क रचनात्मक गतिविधियों का मूल्य देते हैं और उनमें शामिल होते हैं, तो वे अपनी सृजनशीलता का अन्वेषण करने के लिए प्रेरित और आत्मविश्वास महसूस करते हैं।

बच्चों के रचनात्मक प्रयासों की सकारात्मक प्रतिक्रिया और उत्सव मनाना एक सहायक माहौल बनाने का एक अन्य महत्वपूर्ण पहलू है। केवल अंतिम उत्पाद पर ध्यान केंद्रित करने के बजाय, उनके निर्माण के पीछे के प्रयास, प्रक्रिया और सोच को पहचानना और सराहना करना महत्वपूर्ण है। यह दृष्टिकोण बच्चों के आत्मविश्वास को बढ़ाने में मदद करता है और उन्हें जोखिम उठाने और नए विचारों के साथ प्रयोग करने के लिए प्रोत्साहित करता है। उनके आर्टवर्क और क्रिएशन को घर में प्रदर्शित करना भी बच्चों को गर्व और उपलब्धि की भावना देता है, उनके रचनात्मक प्रयासों के महत्व को मजबूत करता है।

घर पर एक सृजनशील वातावरण बनाना प्रेरणा और जिज्ञासा को बढ़ाने वाले

विविध और प्रेरणादायक अनुभव प्रदान करने के साथ भी जुड़ा हुआ है। विभिन्न प्रकार की कला, संगीत, साहित्य और सांस्कृतिक अनुभवों से अवगत कराना बच्चों के दृष्टिकोण का विस्तार कर सकता है और नए विचारों को प्रेरित कर सकता है। संग्रहालयों का दौरा करना, प्रदर्शनियों में भाग लेना, किताबें पढ़ना और प्रकृति का अन्वेषण करना ऐसी गतिविधियाँ हैं जो समृद्ध और विविध प्रेरणा के स्रोत प्रदान करती हैं। इन अनुभवों पर घर पर चर्चा करना और विचार करना बच्चों को आलोचनात्मक सोचने और जो उन्होंने देखा है उसे अपने रचनात्मक प्रोजेक्ट्स से जोड़ने के लिए प्रोत्साहित करता है।

दैनिक गतिविधियों में सृजनशीलता को शामिल करना भी एक सृजनशील वातावरण को पोषित करने का एक प्रभावी तरीका है। उदाहरण के लिए, खाना बनाना एक अत्यंत रचनात्मक गतिविधि हो सकता है, जिसमें विभिन्न सामग्रियों, स्वादों और प्रस्तुति शैलियों के साथ प्रयोग करना शामिल है। बच्चों को रसोई में शामिल करना और उन्हें अपनी खुद की रेसिपी या व्यंजन सजाने के तरीके बनाने के लिए प्रोत्साहित करना खाना बनाने को एक मज़ेदार और कल्पनाशील अनुभव बना सकता है। बागवानी भी एक ऐसी गतिविधि है जो सृजनशीलता को प्रेरित कर सकती है, क्योंकि बच्चे अपने स्वयं के बगीचे के डिज़ाइन बना सकते हैं, पौधे चुन सकते हैं और बढ़ने की प्रक्रिया के बारे में जान सकते हैं। ये दैनिक गतिविधियाँ रचनात्मक सोच और समस्या-समाधान के लिए व्यावहारिक अवसर प्रदान करती हैं।

कल्पनाशील खेल को प्रोत्साहित करना भी घर पर सृजनशीलता बढ़ाने के लिए अत्यंत महत्वपूर्ण है। बच्चे स्वाभाविक रूप से कल्पनाशील खेल में संलग्न होते हैं, जो उन्हें विभिन्न परिदृश्यों, भूमिकाओं और दृष्टिकोणों का अन्वेषण करने की अनुमति देता है। उन्हें वेशभूषा, प्रॉप्स और खुले अंत वाले खिलौने प्रदान करना उनके कल्पनाशील खेल के अनुभवों को बढ़ा सकता है। साधारण वस्तुएँ, जैसे गत्ते के डिब्बे, कपड़े के टुकड़े और घरेलू वस्तुएँ, बच्चों के हाथों में समुद्री जहाजों से लेकर जादुई महलों तक कुछ भी बन सकती हैं। बच्चों को अपनी स्वयं की कहानियाँ और परिदृश्य बनाने और अपने खेल का नेतृत्व करने की स्वतंत्रता देना रचनात्मक सोच और आत्म-अभिव्यक्ति को बढ़ावा देता है।

स्क्रीन समय को सीमित करना और हाथों से किए जाने वाले, इंटरएक्टिव

गतिविधियों को प्रोत्साहित करना भी एक महत्वपूर्ण विचार है। जबकि प्रौद्योगिकी मूल्यवान रचनात्मक उपकरण प्रदान कर सकती है, संतुलन बनाए रखना और यह सुनिश्चित करना आवश्यक है कि बच्चों को शारीरिक और कल्पनाशील खेल के लिए पर्याप्त अवसर मिले। बाहरी गतिविधियों और बिना संरचना वाले खेल के समय को प्रोत्साहित करना बच्चों को उनके आसपास की दुनिया के प्रति आश्चर्य और जिज्ञासा की भावना विकसित करने में मदद कर सकता है। प्रकृति अन्वेषण के लिए अनंत अवसर प्रदान करती है, जैसे कि प्राकृतिक सामग्रियों को इकट्ठा करना और व्यवस्थित करना, वन्यजीवों का अवलोकन करना और बाहरी कला स्थापनाएँ बनाना।

विविध अनुभवों और सामग्रियों को प्रदान करने के अलावा, बच्चों की रचनात्मक गतिविधियों का समर्थन करना और इसमें सक्रिय रूप से शामिल होना भी महत्वपूर्ण है। बच्चों के साथ रचनात्मक गतिविधियों में भाग लेने के लिए समय निकालना माता-पिता और बच्चों के बीच संबंधों को मजबूत कर सकता है और मूल्यवान मार्गदर्शन और प्रोत्साहन प्रदान कर सकता है। उनके प्रोजेक्ट्स के बारे में खुले अंत वाले प्रश्न पूछना, रचनात्मक प्रतिक्रिया देना और उनके रचनात्मक विचारों में वास्तविक रुचि दिखाना उनके सृजनात्मक विकास में महत्वपूर्ण अंतर ला सकता है। सक्रिय रूप से शामिल होकर, माता-पिता और देखभालकर्ता बच्चों को चुनौतियों से उबरने, अपने कौशल को सुधारने और उनकी रचनात्मक क्षमताओं में आत्मविश्वास बनाने में मदद कर सकते हैं।

घर पर सृजनशील वातावरण बनाने का एक और प्रमुख पहलू विकासशील मानसिकता को बढ़ावा देना है। बच्चों को यह समझने के लिए प्रोत्साहित करना कि गलतियाँ और असफलताएँ सीखने और विकास के अवसर हैं, न कि असफलताएँ, सहनशीलता और दृढ़ता विकसित करने के लिए अत्यधिक आवश्यक है। जब बच्चे यह समझते हैं कि सृजनशीलता में प्रयोग शामिल है और हर प्रयास सफल नहीं होगा, तो वे जोखिम लेने और नई चीज़ों की कोशिश करने की अधिक संभावना रखते हैं। अंतिम उत्पाद के बजाय रचनात्मक प्रक्रिया के मूल्य पर जोर देना बच्चों को सीखने का प्रेम और अपने विचारों को बिना असफलता के डर के अन्वेषण करने की इच्छा विकसित करने में मदद करता है।

अंत में, प्रत्येक बच्चे की अनूठी रचनात्मक रुचियों और प्रतिभाओं को पहचानना

और उनका समर्थन करना महत्वपूर्ण है। हर बच्चा अलग होता है, और जो एक को प्रेरित करता है, वह दूसरे के लिए प्रेरक नहीं हो सकता। बच्चों की व्यक्तिगत प्राथमिकताओं पर ध्यान देना और उन्हें उनकी रुचियों का पता लगाने के अवसर प्रदान करना उन्हें उनके रचनात्मक प्रयासों से गहराई से जुड़ने में मदद कर सकता है। चाहे कोई बच्चा ड्राइंग, संगीत, निर्माण या कहानी कहने के प्रति उत्साही हो, उन्हें अनुकूल समर्थन और संसाधन प्रदान करना उन्हें फलने-फूलने और उनकी पूरी रचनात्मक क्षमता तक पहुँचने में मदद कर सकता है।

घर पर सृजनशील वातावरण बनाना सही भौतिक स्थान प्रदान करने, एक सहायक माहौल बनाने और विविध और प्रेरणादायक अनुभव प्रदान करने का संयोजन है। रचनात्मक सामग्री को सुलभ बनाकर, सृजनशीलता के प्रति सकारात्मक दृष्टिकोण को प्रोत्साहित करके और दैनिक गतिविधियों में सृजनशीलता को शामिल करके, माता-पिता और देखभालकर्ता बच्चों की प्राकृतिक जिज्ञासा और कल्पना को पोषित कर सकते हैं। कल्पनाशील खेल को बढ़ावा देना, स्क्रीन समय को सीमित करना और बच्चों की रचनात्मक गतिविधियों में सक्रिय रूप से शामिल होना उनके विकास को और अधिक बढ़ावा देता है।

विकासशील मानसिकता को बढ़ावा देना और प्रत्येक बच्चे की अनूठी रुचियों और प्रतिभाओं को पहचानना भी उनके रचनात्मक कौशल को पूरी तरह से विकसित करने में मदद करने के लिए महत्वपूर्ण है। एक ऐसा घरेलू वातावरण बनाकर जो सृजनशीलता को महत्व देता है और प्रोत्साहित करता है, हम बच्चों को उन कौशलों, आत्मविश्वास और जुनून को विकसित करने में मदद कर सकते हैं जिनकी उन्हें जीवन के सभी क्षेत्रों में सफल होने के लिए आवश्यकता है।

"बच्चे तब फलते-फूलते हैं जब उन्हें अन्वेषण करने की स्वतंत्रता और सुरक्षित महसूस करने के लिए संरचना मिलती है। इन तत्वों के संतुलन से सहनशीलता और सृजनशीलता का विकास होता है। इसी संतुलन में वे अपनी सच्ची क्षमता पाते हैं।"

3

कल्पनाशील खेल को प्रोत्साहित करना

कल्पनाशील खेल को प्रोत्साहित करना बच्चों के समग्र विकास के लिए अत्यंत आवश्यक है, क्योंकि यह सृजनशीलता, संज्ञानात्मक विकास, भावनात्मक नियंत्रण और सामाजिक कौशल को बढ़ावा देता है। कल्पनाशील खेल, जिसे प्रिटेंड प्ले या मेक-बिलीव प्ले भी कहा जाता है, बच्चों के अपने कल्पना का उपयोग करके परिदृश्य, भूमिकाएँ और कथाएँ बनाने की प्रक्रिया है। इस खेल में खिलौनों, प्रॉप्स, या कभी-कभी बिना किसी वस्तु के ही बच्चों की रचनात्मकता शामिल होती है। यह खेल केवल मनोरंजन तक सीमित नहीं है; यह सीखने और विकास के लिए एक महत्वपूर्ण नींव प्रदान करता है।

कल्पनाशील खेल का एक प्रमुख लाभ सृजनशीलता को बढ़ावा देना है। जब बच्चे मेक-बिलीव परिदृश्यों में संलग्न होते हैं, तो वे स्वतंत्र रूप से दुनिया, पात्रों और कहानियों का निर्माण करते हैं। बिना किसी सीमा के सृजन करने की यह स्वतंत्रता बच्चों को विभिन्न विचारों का अन्वेषण करने, विभिन्न परिणामों का प्रयोग करने और उनकी रचनात्मक सोचने की क्षमता को विकसित करने की अनुमति देती है। संरचित गतिविधियों के विपरीत, कल्पनाशील खेल में पहले से निर्धारित नियम या उद्देश्य नहीं होते, जिससे बच्चों को अपनी रुचियों और प्रवृत्तियों का पालन करने की स्वतंत्रता मिलती है। यह बिना संरचना वाला वातावरण बच्चों को विभाजनकारी रूप से सोचने के लिए प्रेरित करता है, समस्याओं के लिए कई समाधान उत्पन्न करता है और संभावनाओं की एक विस्तृत श्रृंखला का पता

लगाता है।

कल्पनाशील खेल संज्ञानात्मक विकास में भी महत्वपूर्ण भूमिका निभाता है। प्रिटेंड प्ले के दौरान, बच्चे अक्सर वयस्क व्यवहारों और परिदृश्यों की नकल करते हैं, जो उन्हें अपने आसपास की दुनिया को समझने में मदद करता है। उदाहरण के लिए, घर-घर खेलना बच्चों को पारिवारिक भूमिकाओं, दिनचर्याओं और रिश्तों का अन्वेषण करने की अनुमति देता है, जिससे वे अपने अनुभवों को समझ पाते हैं। इस प्रकार का खेल प्रतीकात्मक सोच को विकसित करता है, जहाँ बच्चे एक वस्तु का उपयोग किसी अन्य वस्तु का प्रतिनिधित्व करने के लिए करते हैं। उदाहरण के लिए, एक लकड़ी की छड़ी तलवार बन सकती है, एक गुड़िया बच्चा बन सकती है, और एक कंबल सुपरहीरो केप बन सकता है। यह प्रतीकात्मक रूप से सोचने की क्षमता बाद में पढ़ाई, लेखन और गणित जैसे शैक्षणिक कौशलों के लिए आधारभूत है, क्योंकि इसमें अमूर्त अवधारणाओं को समझने और उनका संचालन करने की क्षमता शामिल होती है।

कल्पनाशील खेल का एक और संज्ञानात्मक लाभ भाषा और संचार कौशल का विकास है। जब बच्चे प्रिटेंड प्ले में संलग्न होते हैं, तो वे अक्सर संवाद बनाते हैं, कहानियाँ सुनाते हैं, और अपने खेल साथियों के साथ भूमिकाओं पर बातचीत करते हैं। यह मौखिक संवाद उनकी शब्दावली, वाक्य संरचना और बातचीत के कौशल को बढ़ाता है। इसके अतिरिक्त, खेल के दौरान विभिन्न भूमिकाएँ और दृष्टिकोण अपनाने से बच्चों को सहानुभूति और मानसिक सिद्धांत विकसित करने में मदद मिलती है—यह समझने की क्षमता कि अन्य लोगों के विचार, भावनाएँ और दृष्टिकोण उनके अपने से अलग हो सकते हैं। ये कौशल प्रभावी संचार और सामाजिक संपर्क के लिए महत्वपूर्ण हैं।

भावनात्मक रूप से, कल्पनाशील खेल बच्चों को अपनी भावनाओं का अन्वेषण और अभिव्यक्ति करने के लिए एक सुरक्षित स्थान प्रदान करता है। भूमिका निभाने के माध्यम से, बच्चे उन परिदृश्यों का अभिनय कर सकते हैं जो वास्तविक जीवन में भ्रमित करने वाले, डरावने, या भारी हो सकते हैं। उदाहरण के लिए, एक बच्चा जो डॉक्टर के पास जाने को लेकर चिंतित है, अपने खिलौनों के साथ डॉक्टर-डॉक्टर खेल सकता है, जिससे उसे नियंत्रण की भावना मिलती है और उसके डर को समझने में मदद मिलती है। खेल के माध्यम से अपनी भावनाओं को

बाहरी रूप देना बच्चों को अपनी भावनाओं को बेहतर ढंग से समझने और प्रबंधित करने में मदद करता है। यह भावनात्मक अन्वेषण और अभिव्यक्ति की प्रक्रिया भावनात्मक विनियमन और सहनशीलता विकसित करने के लिए आवश्यक है।

कल्पनाशील खेल सामाजिक कौशल और सहयोग को भी बढ़ावा देता है। जब बच्चे समूह प्रिटेंड प्ले में संलग्न होते हैं, तो वे साझा करना, बारी लेना, भूमिकाओं पर बातचीत करना, और खेल परिदृश्यों को बनाना और बनाए रखना सीखते हैं। ये इंटरैक्शन बच्चों को प्रभावी ढंग से संवाद करने, संघर्षों को हल करने, और अपने साथियों के दृष्टिकोण को समझने की आवश्यकता होती है। इन सामाजिक अंतःक्रियाओं के माध्यम से, बच्चे सहानुभूति, सहयोग और समस्या-समाधान जैसे महत्वपूर्ण सामाजिक कौशल विकसित करते हैं। ये कौशल उनके पूरे जीवन में स्वस्थ संबंध बनाने और बनाए रखने के लिए आवश्यक हैं।

माता-पिता और देखभालकर्ता कल्पनाशील खेल को प्रोत्साहित करने में महत्वपूर्ण भूमिका निभाते हैं। इस प्रकार के खेल को बढ़ावा देने के सबसे प्रभावी तरीकों में से एक है विभिन्न प्रकार के खुले अंत वाले खिलौनों और सामग्रियों को प्रदान करना, जिन्हें कई तरीकों से उपयोग किया जा सकता है। बिल्डिंग ब्लॉक्स, गुड़िया, एक्शन फिगर, ड्रेस-अप कपड़े, आर्ट सप्लाई और घरेलू वस्तुओं जैसी चीजें सभी कल्पनाशील परिदृश्यों को प्रेरित कर सकती हैं। खुले अंत वाले खिलौनों का कोई विशिष्ट उद्देश्य या निर्देशों का सेट नहीं होता है, जिससे बच्चे उन्हें अपनी रचनात्मकता और कल्पना के अनुसार उपयोग कर सकते हैं।

कल्पनाशील खेल को प्रोत्साहित करने के लिए केवल सामग्री प्रदान करना ही पर्याप्त नहीं है, बल्कि इसके लिए एक अनुकूल वातावरण बनाना भी अत्यंत महत्वपूर्ण है। यह एक ऐसा समय और स्थान निर्धारित करने के बारे में है, जहाँ बच्चे बिना किसी व्यवधान के खेल सकें। एक समर्पित खेल क्षेत्र, जहाँ खिलौने और सामग्री आसानी से सुलभ हों, बच्चों को अपने कल्पनाशील कार्यकलापों को आरंभ और बनाए रखने के लिए प्रेरित करता है। स्क्रीन समय और संरचित गतिविधियों को सीमित करना भी लाभकारी हो सकता है, क्योंकि यह बच्चों को स्व-निर्देशित खेल में शामिल होने की स्वतंत्रता और अवसर देता है।

माता-पिता और देखभालकर्ता बच्चों की सृजनात्मकता को समर्थन देने और उसे

विस्तार देने के लिए कल्पनाशील खेल में सक्रिय रूप से भाग ले सकते हैं। खेल में शामिल होकर, वयस्क कल्पनाशील सोच का उदाहरण प्रस्तुत कर सकते हैं, नए विचारों को पेश कर सकते हैं, और कोमल मार्गदर्शन प्रदान कर सकते हैं। उदाहरण के लिए, यदि कोई बच्चा दुकान का खेल खेल रहा है, तो माता-पिता ग्राहक की भूमिका निभा सकते हैं, सवाल पूछ सकते हैं और खरीदारी कर सकते हैं, जिससे खेल परिदृश्य और समृद्ध हो सकता है। यह भागीदारी न केवल खेल के अनुभव को बढ़ाती है, बल्कि माता-पिता और बच्चे के बीच के संबंध को भी मजबूत करती है।

हालाँकि, यह संतुलन बनाना महत्वपूर्ण है कि खेल का मार्गदर्शन और बच्चों को नेतृत्व करने की अनुमति देना। जबकि वयस्कों की भागीदारी खेल को समृद्ध बना सकती है, बच्चों को परिदृश्यों को निर्देशित करने और निर्णय लेने की स्वतंत्रता दी जानी चाहिए। यह स्वतंत्रता उनके आत्मविश्वास और स्वयं के नियंत्रण की भावना के विकास के लिए अत्यंत महत्वपूर्ण है। माता-पिता और देखभालकर्ता बच्चों का नेतृत्व करना स्वीकार करें, ज़रूरत पड़ने पर समर्थन और सुझाव प्रदान करें, लेकिन खेल को अपने नियंत्रण में लेने से बचें।

बच्चों की रुचियों और संकेतों पर ध्यान देना भी कल्पनाशील खेल को प्रोत्साहित करने का एक आवश्यक हिस्सा है। यह देखने से कि क्या उनकी रुचि को आकर्षित करता है और उनकी कल्पना को प्रेरित करता है, माता-पिता और देखभालकर्ता ऐसी सामग्री और अवसर प्रदान कर सकते हैं जो इन रुचियों के अनुरूप हों। उदाहरण के लिए, यदि कोई बच्चा डायनासोर में रुचि दिखाता है, तो डायनासोर की मूर्तियाँ, किताबें और प्रॉप्स प्रदान करना कल्पनाशील परिदृश्यों को प्रेरित कर सकता है और उनकी भागीदारी को गहरा कर सकता है।

खेल में कहानी कहने के तत्वों को शामिल करना बच्चों के कल्पनाशील अनुभवों को और भी समृद्ध कर सकता है। कहानी कहने की प्रक्रिया बच्चों को कथाएँ बनाने, पात्रों का विकास करने और विभिन्न विषयों का अन्वेषण करने की अनुमति देती है। माता-पिता और देखभालकर्ता कहानी कहने को प्रोत्साहित कर सकते हैं, जैसे कि खुले-समाप्ति वाले प्रश्न पूछना, बच्चों को उनके खेल परिदृश्यों को विस्तृत करने के लिए प्रेरित करना, और साथ में कहानी की किताबें बनाना। यह कहानियाँ बनाना और साझा करना न केवल सृजनशीलता को बढ़ावा देता है,

बल्कि भाषा विकास और कहानी कहने के कौशल का भी समर्थन करता है।

बाहरी खेल भी कल्पनाशील अन्वेषण के लिए एक समृद्ध मार्ग प्रदान करता है। प्रकृति बच्चों को अपनी इंद्रियों और कल्पनाशक्ति को सक्रिय करने के अनगिनत अवसर प्रदान करती है। पार्क की एक साधारण यात्रा या जंगल की सैर कल्पनाशील खेल को प्रेरित कर सकती है, चाहे वह खोजकर्ता बनने का नाटक हो, परियों के घर बनाना हो, या प्रकृति कला का निर्माण करना हो। प्राकृतिक वातावरण जिज्ञासा और रचनात्मकता को प्रोत्साहित करता है, बच्चों के कल्पनाशील रोमांच के लिए एक गतिशील और हमेशा बदलने वाली पृष्ठभूमि प्रदान करता है।

बच्चों को कला, संगीत, नृत्य और नाटक जैसे विभिन्न रचनात्मक अभिव्यक्ति के रूपों से परिचित कराना भी लाभकारी होता है। ये गतिविधियाँ बच्चों को अपने विचारों और भावनाओं को व्यक्त करने के विभिन्न तरीकों का अन्वेषण करने की अनुमति देती हैं, जिससे उनके कल्पनाशील खेल समृद्ध होते हैं। उदाहरण के लिए, संगीत सुनना बच्चों को नृत्य दिनचर्या बनाने या एक संगीत प्रदर्शन करने के लिए प्रेरित कर सकता है। इसी प्रकार, चित्रकारी और पेंटिंग कहानी कहने और भूमिका निभाने के लिए एक प्रारंभिक बिंदु बन सकते हैं।

इन रणनीतियों के अलावा, माता-पिता और देखभालकर्ताओं को कल्पनाशील खेल के महत्व को पहचानना और उसका उत्सव मनाना चाहिए। यह समझना कि खेल सीखने और विकास का एक महत्वपूर्ण पहलू है, वयस्कों को इन गतिविधियों के लिए समय और स्थान प्रदान करने के महत्व की सराहना करने में मदद करता है। बच्चों की सृजनशीलता की सराहना करना और उनके कल्पनाशील प्रयासों को स्वीकार करना खेल के महत्व को मजबूत करता है और उन्हें अपनी कल्पना को अन्वेषण करने के लिए प्रोत्साहित करता है।

अंत में, कल्पनाशील खेल को प्रोत्साहित करना बच्चों के विकास के लिए अत्यंत महत्वपूर्ण है, क्योंकि यह सृजनशीलता, संज्ञानात्मक विकास, भावनात्मक नियंत्रण और सामाजिक कौशल को पोषित करता है। खुले अंत वाले खिलौनों और सामग्रियों को प्रदान करके, एक अनुकूल वातावरण बनाकर, खेल में भाग लेकर, और कहानी कहने और बाहरी गतिविधियों को शामिल करके, माता-पिता और देखभालकर्ता बच्चों के कल्पनाशील अनुभवों का समर्थन और समृद्ध कर सकते

हैं। कल्पनाशील खेल के महत्व को पहचानना और बच्चों की सृजनशीलता का उत्सव मनाना सीखने और अन्वेषण के प्रति प्रेम को बढ़ावा देता है, जो आजीवन विकास और विकास की नींव रखता है। कल्पनाशील खेल के माध्यम से, बच्चे न केवल खुद को मनोरंजन करते हैं, बल्कि ऐसे आवश्यक कौशल भी विकसित करते हैं जो उनके पूरे जीवन में उनकी सेवा करेंगे।

"बच्चे की जिज्ञासा को प्रश्नों के माध्यम से प्रोत्साहित करना उपजाऊ मिट्टी में बीज बोने जैसा है। हर प्रश्न नई खोजों की ओर ले जाता है। हर उत्तर के साथ उनकी दुनिया की समझ और गहरी होती जाती है।"

4

संगीत और आंदोलन

संगीत और आंदोलन बच्चे के विकास के लिए अत्यंत महत्वपूर्ण हैं, जो शारीरिक, संज्ञानात्मक, भावनात्मक और सामाजिक विकास के अनगिनत लाभ प्रदान करते हैं। ये गतिविधियाँ न केवल आनंददायक होती हैं, बल्कि बच्चों को उनकी सृजनशीलता का अन्वेषण करने, खुद को व्यक्त करने और महत्वपूर्ण कौशल विकसित करने के अवसर भी प्रदान करती हैं। संगीत और आंदोलन का संयोजन एक गतिशील और आकर्षक वातावरण बनाता है, जो बच्चे के समग्र विकास को काफी हद तक बढ़ा सकता है।

संगीत और आंदोलन का सबसे स्पष्ट लाभ शारीरिक कौशलों का विकास है। नृत्य, कूदना, ताली बजाना और झूमने जैसी गतिविधियाँ बच्चों के मोटर कौशल को विकसित करने में मदद करती हैं। इन गतिविधियों के लिए समन्वय, संतुलन और स्थानिक जागरूकता की आवश्यकता होती है, जो शारीरिक विकास के लिए आवश्यक हैं। विशेष रूप से संगीत के साथ नृत्य बच्चों को अपने शरीर को विभिन्न तरीकों से हिलाने के लिए प्रोत्साहित करता है, जिससे उनकी लचीलापन, ताकत और सहनशीलता बढ़ती है। ये शारीरिक लाभ मोटर कौशल के विकास से परे हैं; संगीत और आंदोलन के माध्यम से नियमित शारीरिक गतिविधियाँ समग्र स्वास्थ्य और कल्याण को भी बढ़ावा देती हैं, जिससे प्रारंभिक अवस्था से ही स्वस्थ आदतें विकसित होती हैं।

मोटर कौशल के अलावा, संगीत और आंदोलन की गतिविधियाँ बच्चों के फाइन मोटर कौशल को भी बढ़ाती हैं। जैसे कि संगीत वाद्ययंत्र बजाना, उँगलियों के

खेल और हाथ से ताली बजाने वाले खेल सटीक गति की आवश्यकता होती है, जो हाथों और उँगलियों की छोटी मांसपेशियों को मजबूत बनाती है। ये गतिविधियाँ समन्वय और नियंत्रण की मांग करती हैं, जो लेखन, चित्रकारी और बर्तनों का उपयोग करने जैसे कार्यों के लिए आवश्यक हैं। संगीत और आंदोलन की गतिविधियों में शामिल होकर, बच्चे शैक्षणिक और दैनिक कार्यों के लिए आवश्यक फाइन मोटर कौशल विकसित करते हैं।

संगीत और आंदोलन संज्ञानात्मक विकास में भी महत्वपूर्ण भूमिका निभाते हैं। अनुसंधान ने दिखाया है कि संगीत मस्तिष्क के उन हिस्सों को उत्तेजित करता है, जो भाषा, स्मृति और स्थानिक-कालिक कौशल के लिए जिम्मेदार होते हैं। जब बच्चे संगीत सुनते हैं, गीत गाते हैं, और ताल पर हिलते हैं, तो वे अपने मस्तिष्क के कई क्षेत्रों को एक साथ सक्रिय करते हैं। यह उत्तेजना तंत्रिका संबंधों को बनाने और मजबूत करने में मदद करती है, जिससे संज्ञानात्मक लचीलापन और समग्र मस्तिष्क कार्यक्षमता बढ़ती है।

विशेष रूप से, संगीत का भाषा विकास पर गहरा प्रभाव पड़ता है। गीत गाने और कविताएँ बच्चों को समृद्ध शब्दावली और विविध वाक्य संरचनाओं से अवगत कराती हैं, जिससे उनकी भाषा कौशल में सुधार होता है। गीतों का दोहराव और ताल बच्चों को शब्दों और वाक्यांशों को याद रखने में मदद करता है, जो शब्दावली अधिग्रहण और भाषा समझ में सहायक होता है। इसके अतिरिक्त, गायन बच्चों को शब्दों को स्पष्ट रूप से व्यक्त करने और उनके उच्चारण का अभ्यास करने के लिए प्रोत्साहित करता है, जो मौखिक संचार कौशल विकसित करने के लिए महत्वपूर्ण है। संगीत सुनने के कौशल को भी विकसित करता है, क्योंकि बच्चे विभिन्न ध्वनियों, तालों और धुनों पर ध्यान देना सीखते हैं।

आंदोलन गतिविधियाँ समस्या-समाधान और आलोचनात्मक सोच कौशल को बढ़ावा देकर संज्ञानात्मक विकास में और योगदान देती हैं। जब बच्चे आंदोलन गतिविधियों में संलग्न होते हैं, तो उन्हें अक्सर निर्देशों का पालन करने, अनुक्रमों को याद रखने और यह तय करने की आवश्यकता होती है कि अपने शरीर को कैसे हिलाना है। ये कार्य योजना बनाने, व्यवस्थित करने और क्रियाओं को निष्पादित करने जैसे संज्ञानात्मक प्रक्रियाओं की मांग करते हैं, जो समस्या-समाधान और आलोचनात्मक सोच के लिए आवश्यक हैं। इसके अलावा, आंदोलन गतिविधियाँ

अक्सर पैटर्न और अनुक्रम शामिल करती हैं, जो गणितीय अवधारणाओं जैसे गिनती, समरूपता और स्थानिक संबंधों को समझने में बच्चों की मदद करती हैं।

भावनात्मक रूप से, संगीत और आंदोलन बच्चों को आत्म-अभिव्यक्ति और भावनात्मक विनियमन के लिए एक मूल्यवान माध्यम प्रदान करते हैं। संगीत में भावनाओं की एक विस्तृत श्रृंखला व्यक्त करने की शक्ति होती है, और इसके माध्यम से बच्चे अपनी भावनाओं को एक सुरक्षित और सहायक वातावरण में अन्वेषण और व्यक्त कर सकते हैं। गाना गाना, नृत्य करना, और वाद्ययंत्र बजाना बच्चों को अपनी भावनाओं को व्यक्त करने की अनुमति देता है, चाहे वे खुश, उदास, उत्साहित, या निराश हों। संगीत के माध्यम से भावनाओं को व्यक्त करने की यह प्रक्रिया बच्चों को अपनी भावनाओं को समझने और प्रबंधित करने में मदद करती है, जिससे भावनात्मक विनियमन और सहनशीलता का विकास होता है।

संगीत और आंदोलन की गतिविधियाँ बच्चों को अपनी संचित ऊर्जा और तनाव को छोड़ने का एक महत्वपूर्ण माध्यम भी प्रदान करती हैं। शारीरिक गतिविधि के माध्यम से आंदोलन बच्चों को चिंता या निराशा जैसी भावनाओं से निपटने में मदद कर सकती है। उदाहरण के लिए, नृत्य बच्चों को अपनी भावनाओं को छोड़ने और अपने मूड को ऊर्जावान और उत्साहित करने का आनंददायक और ऊर्जावान माध्यम प्रदान करता है। आंदोलन गतिविधियों में शामिल शारीरिक प्रयास एंडोर्फिन के स्राव को ट्रिगर करता है, जो प्राकृतिक मूड एन्हांसर होते हैं और खुशी और कल्याण की भावना को बढ़ावा देते हैं।

सामाजिक रूप से, संगीत और आंदोलन गतिविधियाँ बातचीत और सहयोग के कई अवसर प्रदान करती हैं। सामूहिक संगीत गतिविधियाँ, जैसे कि गाना गाने वाले समूह, वाद्ययंत्रों का एक साथ बजाना, या संगीत कक्षाओं में भाग लेना, बच्चों को टीमवर्क और सहयोग के महत्व को सिखाती हैं। इन गतिविधियों के दौरान, बच्चों को एक-दूसरे को सुनना, किसी कंडक्टर या नेता का पालन करना और सामंजस्यपूर्ण ध्वनि बनाने के लिए मिलकर काम करना सीखना पड़ता है। इन अंतःक्रियाओं के माध्यम से, बच्चे महत्वपूर्ण सामाजिक कौशल विकसित करते हैं, जैसे कि संचार, सहानुभूति और दूसरों के प्रति सम्मान।

आंदोलन गतिविधियाँ, जैसे नृत्य कक्षाएँ, समूह खेल, और शारीरिक खेल, भी सामाजिक संपर्क और सहयोग को बढ़ावा देती हैं। जब बच्चे दूसरों के साथ आंदोलन गतिविधियों में संलग्न होते हैं, तो वे बारी लेना, स्थान साझा करना, और सामान्य लक्ष्यों को प्राप्त करने के लिए सहयोग करना सीखते हैं। ये सामाजिक अंतःक्रियाएँ बच्चों में सामुदायिकता और संबंध की भावना विकसित करती हैं, जो स्वस्थ संबंध बनाने और बनाए रखने के लिए आवश्यक हैं।

माता-पिता और देखभालकर्ता घर पर संगीत और आंदोलन गतिविधियों की सुविधा प्रदान करने में महत्वपूर्ण भूमिका निभाते हैं। दैनिक दिनचर्या में संगीत को शामिल करना उतना ही सरल हो सकता है जितना कि खेल के समय के दौरान गाने बजाना, सोने के समय लोरी गाना, या पारिवारिक डांस पार्टी आयोजित करना। बच्चों को शास्त्रीय, जैज़, लोक और विश्व संगीत जैसी विभिन्न शैलियों से अवगत कराना उनके संगीत क्षितिज का विस्तार करता है और उन्हें विविध सांस्कृतिक परंपराओं से परिचित कराता है। बच्चों को ड्रम, टंबोरिन, ज़ायलोफोन और मरकेस जैसे वाद्ययंत्र उपलब्ध कराना उन्हें विभिन्न ध्वनियों का अन्वेषण करने और अपना संगीत बनाने की अनुमति देता है।

आंदोलन गतिविधियों के लिए अनुकूल वातावरण बनाना समान रूप से महत्वपूर्ण है। बच्चों को स्वतंत्र रूप से हिलने-डुलने और शारीरिक खेल में शामिल होने के लिए प्रोत्साहित करने के लिए स्थान प्रदान करना उन्हें सक्रिय होने और अपनी आंदोलन क्षमताओं का अन्वेषण करने के लिए प्रेरित करता है। चटाई, हुला हूप्स, और रिबन जैसे सरल उपकरण आंदोलन गतिविधियों में विविधता और मज़ा जोड़ सकते हैं। बाहरी खेल, जैसे दौड़ना, कूदना, चढ़ाई करना, और खेल खेलना, शारीरिक विकास को और बढ़ाता है और प्रकृति से जुड़ाव को बढ़ावा देता है।

माता-पिता और देखभालकर्ता बच्चों को प्रेरित करने और समर्थन करने के लिए संगीत और आंदोलन गतिविधियों में सक्रिय रूप से भाग ले सकते हैं। साथ में गाना गाना, नृत्य करना और वाद्ययंत्र बजाना आनंदमय और सार्थक साझा अनुभव पैदा कर सकता है। ये गतिविधियाँ न केवल माता-पिता और बच्चे के बीच के संबंध को मजबूत करती हैं, बल्कि माता-पिता को संगीत और आंदोलन का उदाहरण प्रस्तुत करने का अवसर भी देती हैं। सामूहिक संगीत और आंदोलन कक्षाओं में भाग लेना, जैसे माँ-बच्चे संगीत सत्र या पारिवारिक डांस कार्यशालाएँ,

अतिरिक्त सामाजिक और विकासात्मक लाभ प्रदान कर सकते हैं।

संगीत और आंदोलन को सीखने की गतिविधियों में शामिल करना बच्चों के विकास को और बढ़ा सकता है। उदाहरण के लिए, वर्णमाला, संख्याएँ और रंग जैसी अवधारणाओं को पढ़ाने के लिए गाने और कविताओं का उपयोग करना सीखने को अधिक आकर्षक और यादगार बना सकता है। आंदोलन गतिविधियाँ, जैसे क्रिया-आधारित गाने और नृत्य दिनचर्या, शैक्षणिक अवधारणाओं को सुदृढ़ कर सकती हैं और प्रतिधारण में सुधार कर सकती हैं। विज्ञान, इतिहास और साहित्य जैसे विषयों में संगीत और आंदोलन को एकीकृत करना सीखने के लिए एक बहु-संवेदी दृष्टिकोण प्रदान करता है, जिससे यह अधिक गतिशील और इंटरैक्टिव बन जाता है।

संगीत और आंदोलन रचनात्मक अभिव्यक्ति और अन्वेषण के लिए मूल्यवान अवसर भी प्रदान करते हैं। बच्चों को अपने गाने बनाने, डांस रूटीन तैयार करने, या विभिन्न वाद्ययंत्रों के साथ प्रयोग करने के लिए प्रोत्साहित करना सृजनशीलता और नवाचार को बढ़ावा देता है। ये गतिविधियाँ बच्चों को अपनी रुचियों का अन्वेषण करने, अपनी अनूठी प्रतिभाओं को विकसित करने और अपनी व्यक्तिगतता को व्यक्त करने की अनुमति देती हैं। बच्चों की संगीत और आंदोलन रचनाओं का उत्सव मनाना, चाहे प्रदर्शन, रिकॉर्डिंग, या अनौपचारिक पारिवारिक समारोहों के माध्यम से हो, उनके आत्मविश्वास को बढ़ाता है और उनके रचनात्मक प्रयासों के मूल्य को मजबूत करता है।

इसके अलावा, संगीत और आंदोलन गतिविधियाँ बच्चों को विभिन्न संस्कृतियों और परंपराओं से परिचित कराकर सांस्कृतिक जागरूकता और सराहना को बढ़ावा देती हैं। विभिन्न संस्कृतियों के संगीत और नृत्य का अन्वेषण करना बच्चों को विविध ताल, धुनों और आंदोलनों से अवगत कराता है, जिससे उनकी दुनिया की समझ व्यापक होती है। सांस्कृतिक त्योहारों में भाग लेना, प्रदर्शनियों में जाना, और पारंपरिक गीतों और नृत्यों को सीखना बच्चों के सांस्कृतिक अनुभवों को समृद्ध कर सकता है और वैश्विक नागरिकता की भावना को बढ़ावा दे सकता है।

अंत में, संगीत और आंदोलन बच्चे के विकास के आवश्यक घटक हैं, जो शारीरिक, संज्ञानात्मक, भावनात्मक और सामाजिक लाभों की एक विस्तृत श्रृंखला प्रदान

करते हैं। ये गतिविधियाँ मोटर कौशल को बढ़ाती हैं, मस्तिष्क के विकास को उत्तेजित करती हैं, भाषा अधिग्रहण का समर्थन करती हैं, और भावनात्मक अभिव्यक्ति और विनियमन को बढ़ावा देती हैं। वे सामाजिक संपर्क, टीम वर्क, और सांस्कृतिक अन्वेषण के लिए मूल्यवान अवसर भी प्रदान करती हैं। संसाधनों की विविधता प्रदान करके, एक अनुकूल वातावरण बनाकर, और संगीत और आंदोलन गतिविधियों में सक्रिय रूप से भाग लेकर, माता-पिता और देखभालकर्ता रचनात्मकता, अन्वेषण, और आजीवन सीखने के प्रति प्रेम को बढ़ावा दे सकते हैं। संगीत और आंदोलन के आनंददायक और गतिशील अनुभवों के माध्यम से, बच्चे महत्वपूर्ण कौशल विकसित कर सकते हैं, आत्मविश्वास बना सकते हैं, और रचनात्मक अभिव्यक्ति के गहरे लाभों का अनुभव कर सकते हैं।

"व्यक्तिगत रुचियों का समर्थन करने से बच्चों में पहचान और उद्देश्य की भावना विकसित होती है। यह उन्हें उनके जुनून को गहराई से अन्वेषण करने की अनुमति देता है। यह व्यक्तिगत दृष्टिकोण सीखने का आधार है, जो जीवन भर के विकास की नींव रखता है।"

5

कहानी सुनाना और रचनात्मक लेखन

कहानी सुनाना और रचनात्मक लेखन ऐसी आधारभूत गतिविधियाँ हैं जो बच्चों के विकास में महत्वपूर्ण भूमिका निभाती हैं। ये अभ्यास भाषा कौशल को बढ़ाने, कल्पनाशीलता को प्रोत्साहित करने, भावनात्मक विकास को बढ़ावा देने और संज्ञानात्मक और सामाजिक विकास को प्रोत्साहित करने जैसे कई लाभ प्रदान करते हैं। कहानी सुनाने और रचनात्मक लेखन के माध्यम से बच्चे खुद को व्यक्त करना, अपने आसपास की दुनिया को समझना और साहित्य और संचार के प्रति प्रेम विकसित करना सीखते हैं।

कहानी सुनाने और रचनात्मक लेखन का प्राथमिक लाभ भाषा कौशल का विकास है। इन गतिविधियों में संलग्न होना बच्चों को समृद्ध शब्दावली और वाक्य संरचना और व्याकरण की समझ विकसित करने में मदद करता है। जब बच्चे कहानियाँ सुनते हैं, तो वे नए शब्दों और वाक्यांशों से परिचित होते हैं, जिन्हें वे अपनी भाषा और लेखन में शामिल कर सकते हैं। कहानी सुनाना बच्चों को विभिन्न कथात्मक शैलियों और साहित्यिक उपकरणों जैसे रूपक, उपमा और मानवीकरण से परिचित कराता है, जो उनकी भाषा समझ को समृद्ध करता है। अपनी खुद की कहानियाँ बनाकर, बच्चे भाषा का रचनात्मक और प्रभावी ढंग से उपयोग करने का अभ्यास करते हैं, जिससे उनके विचारों और विचारों को स्पष्ट रूप से व्यक्त करने की क्षमता में सुधार होता है।

"

कहानी सुनाना और रचनात्मक लेखन बच्चों की कल्पना और सृजनशीलता को प्रोत्साहित करते हैं। जब बच्चे कहानियाँ सुनते हैं या बनाते हैं, तो वे अपनी कल्पना से निर्मित दुनिया में प्रवेश करते हैं, जो पात्रों और परिदृश्यों से भरी होती हैं। कथाओं की कल्पना और निर्माण की यह प्रक्रिया बच्चों को सृजनात्मक सोचने के कौशल विकसित करने में मदद करती है। वे मौलिक विचार उत्पन्न करना, विभिन्न दृष्टिकोणों का अन्वेषण करना और कथानक के विकास और चरित्र प्रेरणाओं के बारे में आलोचनात्मक रूप से सोचना सीखते हैं। विशेष रूप से, रचनात्मक लेखन बच्चों को कल्पना, विज्ञान कथा, कविता और नाटक जैसे विभिन्न विधाओं और शैलियों के साथ प्रयोग करने की अनुमति देता है, जिससे उनके रचनात्मक दृष्टिकोण और भी व्यापक होते हैं।

भावनात्मक रूप से, कहानी सुनाना और रचनात्मक लेखन बच्चों को आत्म-अभिव्यक्ति और भावनात्मक अन्वेषण के लिए मूल्यवान माध्यम प्रदान करते हैं। अपनी कहानियों के पात्रों और घटनाओं के माध्यम से, बच्चे अपनी भावनाओं और अनुभवों को अन्वेषण और समझ सकते हैं। व्यक्तिगत अनुभवों के बारे में लिखना या अपनी भावनाओं को दर्शाने वाले काल्पनिक परिदृश्य बनाना बच्चों को अपनी भावनाओं को बाहरी रूप देने और उनका अर्थ निकालने की अनुमति देता है। भावनात्मक अभिव्यक्ति और अन्वेषण की यह प्रक्रिया भावनात्मक बुद्धिमत्ता और सहनशीलता विकसित करने के लिए महत्वपूर्ण है। यह बच्चों को अपनी भावनाओं को समझने और प्रबंधित करने में मदद करती है, चिंता को कम करती है और मानसिक कल्याण को बढ़ावा देती है।

कहानी सुनाना और रचनात्मक लेखन संज्ञानात्मक विकास में भी योगदान करते हैं, क्योंकि ये आलोचनात्मक सोच और समस्या-समाधान कौशल को बढ़ावा देते हैं। एक कहानी तैयार करने के लिए बच्चों को अपने विचारों को व्यवस्थित करने, एक सुसंगत कथात्मक संरचना विकसित करने और कथानक के भीतर संघर्षों को हल करने की आवश्यकता होती है। इन कार्यों में अनुक्रमण, कारण-परिणाम तर्क और तार्किक सोच जैसी संज्ञानात्मक प्रक्रियाएँ शामिल होती हैं। इसके अतिरिक्त, रचनात्मक लेखन के लिए बच्चों को विश्वसनीय सेटिंग्स और पात्र बनाने के लिए अनुसंधान और जानकारी एकत्र करने की आवश्यकता होती है, जिससे उनकी संज्ञानात्मक क्षमताएँ और अधिक मजबूत होती हैं। अपने काम को संपादित और संशोधित करने की प्रक्रिया बच्चों को उनके लेखन का मूल्यांकन और सुधार करना

सिखाती है, जिससे विकासशील मानसिकता और विस्तार पर ध्यान केंद्रित करने की भावना बढ़ती है।

सामाजिक रूप से, कहानी सुनाना और रचनात्मक लेखन सहयोग और संचार के अवसर प्रदान करते हैं। जब बच्चे अपनी कहानियाँ दूसरों के साथ साझा करते हैं, चाहे वह मौखिक कहानी, लिखित रचनाएँ या समूह परियोजनाएँ हों, तो वे महत्वपूर्ण सामाजिक कौशल विकसित करते हैं। वे दूसरों को सुनना, प्रतिक्रिया देना, और विभिन्न दृष्टिकोणों की सराहना करना सीखते हैं। सहयोगात्मक कहानी सुनाने की गतिविधियाँ, जैसे समूह कहानी कहने वाले खेल या एक कहानी को सह-लेखन करना, बच्चों को एक साथ काम करना, विचारों पर बातचीत करना और एक-दूसरे के योगदान को आगे बढ़ाना सिखाती हैं। ये सामाजिक अंतःक्रियाएँ बच्चों में सहानुभूति, सहयोग और सामुदायिक भावना विकसित करती हैं।

माता-पिता और देखभालकर्ता घर पर कहानी सुनाने और रचनात्मक लेखन को प्रोत्साहित करने के लिए एक सहायक और प्रेरक वातावरण प्रदान कर सकते हैं। बच्चों को नियमित रूप से पढ़ना ऐसी गतिविधि है, जो कहानी सुनाने और साहित्य के प्रति प्रेम को बढ़ावा देने के सबसे प्रभावी तरीकों में से एक है। परी कथाओं और दंतकथाओं से लेकर समकालीन कथाओं और गैर-कथाओं तक, कहानियों की एक विस्तृत श्रृंखला से बच्चों को परिचित कराकर, माता-पिता उनकी जिज्ञासा और कल्पनाशक्ति को प्रेरित कर सकते हैं। कहानियों पर चर्चा करना और पात्रों, कथानक और विषयों के बारे में खुले-समाप्ति वाले प्रश्न पूछना बच्चों की समझ और जुड़ाव को और बढ़ा सकता है।

कहानी सुनाने और रचनात्मक लेखन के लिए एक समर्पित स्थान बनाना बच्चों को इन गतिविधियों को अन्वेषण करने के लिए प्रोत्साहित कर सकता है। एक शांत और आरामदायक क्षेत्र, जहाँ बच्चों को लेखन सामग्री जैसे नोटबुक, पेन, पेंसिल और कला सामग्री तक पहुँच हो, उन्हें अपनी कहानियाँ बनाने के लिए आवश्यक उपकरण प्रदान करता है। बच्चों को एक डायरी या जर्नल रखने के लिए प्रोत्साहित करना उन्हें नियमित लेखन की आदत विकसित करने और आत्म-अभिव्यक्ति के लिए एक व्यक्तिगत स्थान प्रदान कर सकता है।

माता-पिता और देखभालकर्ता बच्चों के साथ कहानी सुनाने और रचनात्मक

लेखन की गतिविधियों में भाग लेकर इनका समर्थन कर सकते हैं। साथ में कहानियाँ सुनाना, चाहे सोने के समय हो, पारिवारिक कहानी सत्रों में, या कहानी कहने वाले खेलों के माध्यम से, आनंदमय और सार्थक साझा अनुभव उत्पन्न कर सकता है। ये गतिविधियाँ न केवल माता-पिता और बच्चे के बीच के संबंध को मजबूत करती हैं, बल्कि कहानी कहने की तकनीकों का मॉडल प्रस्तुत करती हैं और बच्चों के अपने रचनात्मक प्रयासों को प्रेरित करती हैं। बच्चों को अपनी खुद की कहानियाँ लिखने और उन्हें परिवार के सदस्यों के साथ साझा करने के लिए प्रोत्साहित करना उनके आत्मविश्वास और उपलब्धि की भावना को बढ़ा सकता है।

दैनिक गतिविधियों में कहानी सुनाने और रचनात्मक लेखन को शामिल करना बच्चों की भागीदारी और आनंद को और बढ़ा सकता है। जैसे कि दैनिक अनुभवों के आधार पर कहानियाँ बनाना, दोस्तों और परिवार को पत्र या पोस्टकार्ड लिखना, या पसंदीदा खिलौनों और पात्रों के बारे में कहानियाँ बनाना, कहानी सुनाने और लेखन को दैनिक जीवन का एक स्वाभाविक और आनंददायक हिस्सा बना सकता है। बच्चों को चित्र बनाने और फिर अपनी ड्राइंग के बारे में कहानियाँ लिखने के लिए प्रोत्साहित करना दृश्य और मौखिक रचनात्मकता को संयोजित करता है, जो कहानी कहने के लिए एक बहु-संवेदी दृष्टिकोण प्रदान करता है।

प्रौद्योगिकी भी कहानी सुनाने और रचनात्मक लेखन के लिए एक मूल्यवान उपकरण हो सकती है। डिजिटल कहानी कहने वाले ऐप्स, लेखन सॉफ़्टवेयर, और ऑनलाइन प्लेटफ़ॉर्म बच्चों के लिए अपने काम को बनाने और साझा करने के लिए नए और रोमांचक तरीके पेश करते हैं। ये उपकरण बच्चों के लेखन कौशल को बढ़ा सकते हैं, क्योंकि इनमें इंटरैक्टिव और मल्टीमीडिया तत्व, जैसे उनकी कहानियों में छवियाँ, ध्वनियाँ और एनिमेशन जोड़ना शामिल है। हालाँकि, यह सुनिश्चित करना महत्वपूर्ण है कि स्क्रीन समय को पारंपरिक लेखन और कहानी सुनाने की गतिविधियों के साथ संतुलित किया जाए ताकि बच्चों को रचनात्मक अनुभव का समग्र विकास हो।

शिक्षा के विभिन्न विषयों में सीखने को बढ़ाने के लिए कहानी सुनाने और रचनात्मक लेखन का उपयोग किया जा सकता है। उदाहरण के लिए, ऐतिहासिक काल्पनिक कहानियाँ लिखना बच्चों की ऐतिहासिक घटनाओं और व्यक्तित्वों की

समझ को गहरा कर सकता है, जबकि विज्ञान कथा कहानियाँ बनाना वैज्ञानिक अवधारणाओं और खोजों में रुचि पैदा कर सकता है। गणितीय समस्याओं का पता लगाने के लिए कहानी कहने का उपयोग करना या गणितीय रोमांच के बारे में कहानियाँ बनाना गणित को अधिक आकर्षक और सुलभ बना सकता है। सामाजिक अध्ययन, विज्ञान, और साहित्य जैसे विषयों में रचनात्मक लेखन को शामिल करना बच्चों को अपनी समझ को रचनात्मक और सार्थक तरीकों से अन्वेषण और व्यक्त करने की अनुमति देता है।

बच्चों को विभिन्न शैलियों और लेखन शैलियों को पढ़ने के लिए प्रोत्साहित करना उनकी कहानी कहने और लेखन कौशल को और समृद्ध कर सकता है। बच्चों को कविता, नाटक, मिथकों, लोककथाओं, और समकालीन कथा साहित्य से परिचित कराना उनके साहित्यिक दृष्टिकोण को व्यापक बनाता है और उन्हें विभिन्न कथात्मक तकनीकों और साहित्यिक परंपराओं से परिचित कराता है। विभिन्न शैलियों की संरचना, विषयों, और शैलियों पर चर्चा करना बच्चों को साहित्य के लिए गहरी सराहना विकसित करने में मदद करता है और उन्हें अपने लेखन में प्रयोग करने के लिए प्रेरित करता है।

बच्चों की कहानी सुनाने और रचनात्मक लेखन के प्रयासों का उत्सव मनाना इन गतिविधियों के प्रति प्रेम को बढ़ावा देने के लिए अत्यंत महत्वपूर्ण है। उनके लिखित कार्यों को प्रदर्शित करना, पारिवारिक कहानी की किताबें बनाना, या कहानी कहने वाले कार्यक्रम आयोजित करना, जहाँ बच्चे अपनी कहानियाँ दूसरों के साथ साझा कर सकते हैं, उनके आत्मविश्वास और प्रेरणा को बढ़ा सकता है। उनकी सृजनशीलता, प्रयास, और सुधार की प्रशंसा करना कहानी सुनाने और लेखन के महत्व को मजबूत करता है और उन्हें अपने रचनात्मक क्षमता का अन्वेषण जारी रखने के लिए प्रोत्साहित करता है।

कहानी सुनाना और रचनात्मक लेखन सांस्कृतिक अन्वेषण और सराहना के लिए मूल्यवान अवसर भी प्रदान करते हैं। विभिन्न संस्कृतियों और परंपराओं की कहानियाँ साझा करना बच्चों को विविध दृष्टिकोणों और अनुभवों से अवगत कराता है, जिससे सांस्कृतिक जागरूकता और सहानुभूति को बढ़ावा मिलता है। बच्चों को अपने स्वयं के सांस्कृतिक विरासत के आधार पर कहानियाँ बनाने के लिए प्रोत्साहित करना या अपनी लेखन में विभिन्न संस्कृतियों के तत्वों को

शामिल करना उन्हें सांस्कृतिक विविधता के प्रति उनकी समझ और सराहना को गहराई से विकसित कर सकता है।

कहानी सुनाना और रचनात्मक लेखन बच्चों के विकास के लिए आवश्यक गतिविधियाँ हैं। ये गतिविधियाँ भाषा कौशल को बढ़ाती हैं, कल्पनाशीलता और सृजनशीलता को प्रेरित करती हैं, भावनात्मक विकास को बढ़ावा देती हैं, और संज्ञानात्मक और सामाजिक विकास को प्रोत्साहित करती हैं। एक सहायक और प्रेरक वातावरण प्रदान करके, कहानी सुनाने और लेखन गतिविधियों में भाग लेकर, और इन प्रथाओं को दैनिक जीवन में शामिल करके, माता-पिता और देखभालकर्ता बच्चों में साहित्य और संचार के प्रति प्रेम को पोषित कर सकते हैं। कहानी सुनाने और रचनात्मक लेखन के माध्यम से, बच्चे अपनी कल्पना का अन्वेषण कर सकते हैं, अपने विचारों और भावनाओं को व्यक्त कर सकते हैं, और आजीवन सीखने और विकास के लिए आवश्यक कौशल और आत्मविश्वास विकसित कर सकते हैं।

"रचनात्मक चुनौतियाँ और प्रतियोगिताएँ मूल्यवान सीखने के अनुभव प्रदान करती हैं। वे बच्चों को प्रयास और दृढ़ता के महत्व को सिखाती हैं। ये गतिविधियाँ स्वस्थ प्रतिस्पर्धा और सहयोग की भावना को भी बढ़ावा देती हैं।"

6

प्रकृति और बाहरी अन्वेषण

प्रकृति और बाहरी अन्वेषण बच्चों के विकास के लिए अत्यंत महत्वपूर्ण हैं, जो एक समृद्ध और गतिशील वातावरण प्रदान करते हैं, जहाँ बच्चे सीख सकते हैं, बढ़ सकते हैं, और प्रगति कर सकते हैं। ये गतिविधियाँ शारीरिक, संज्ञानात्मक, भावनात्मक और सामाजिक विकास सहित अनगिनत लाभ प्रदान करती हैं। बाहरी वातावरण में समय बिताना और प्रकृति से जुड़ना बच्चों को प्राकृतिक दुनिया का अन्वेषण करने की अनुमति देता है, जो आजीवन सीखने के लिए आवश्यक आश्चर्य और जिज्ञासा की भावना को बढ़ावा देता है।

प्रकृति और बाहरी अन्वेषण का सबसे महत्वपूर्ण लाभ शारीरिक कौशलों का विकास है। दौड़ना, चढ़ना, कूदना और खेल खेलना जैसी बाहरी गतिविधियाँ बच्चों के मोटर कौशल को विकसित करने में मदद करती हैं, जिससे उनकी ताकत, समन्वय और संतुलन में सुधार होता है। ये गतिविधियाँ बच्चों को अपने पूरे शरीर का उपयोग करने की आवश्यकता होती हैं, जो समग्र शारीरिक फिटनेस और स्वास्थ्य को बढ़ावा देती हैं। इसके अलावा, बाहरी वातावरण में पाए जाने वाले विविध भूभाग और प्राकृतिक बाधाएँ बच्चों की शारीरिक क्षमताओं को चुनौती देती हैं, उन्हें अपनी सीमाओं को आगे बढ़ाने और सहनशीलता विकसित करने के लिए प्रोत्साहित करती हैं। नियमित शारीरिक गतिविधियाँ स्वस्थ वजन बनाए रखने, मजबूत मांसपेशियाँ और हड्डियाँ बनाने, और मोटापा और मधुमेह जैसी पुरानी बीमारियों के जोखिम को कम करने के लिए महत्वपूर्ण हैं।

मोटर कौशल के अलावा, प्रकृति और बाहरी अन्वेषण फाइन मोटर कौशल को भी बढ़ाते हैं। फूल तोड़ना, पत्थर इकट्ठा करना, रेत के किले बनाना, और मिट्टी में चित्र बनाना जैसी गतिविधियाँ सटीक गतियों और हाथ-आँख समन्वय की आवश्यकता होती हैं। ये गतिविधियाँ हाथों और उँगलियों की छोटी मांसपेशियों को मजबूत करने में मदद करती हैं, जो लेखन, चित्रकारी, और औजारों का उपयोग करने जैसे कार्यों के लिए आवश्यक हैं। इन गतिविधियों में नियमित रूप से शामिल होने से बच्चे अकादमिक और दैनिक कार्यों में सफल होने के लिए आवश्यक फाइन मोटर कौशल विकसित करते हैं।

संज्ञानात्मक रूप से, प्रकृति और बाहरी अन्वेषण मस्तिष्क के विकास को बढ़ावा देने में महत्वपूर्ण भूमिका निभाते हैं। प्राकृतिक वातावरण ऐसी संवेदी अनुभवों की प्रचुरता प्रदान करता है जो मस्तिष्क को उत्तेजित करते हैं और संज्ञानात्मक विकास को प्रोत्साहित करते हैं। प्रकृति के दृश्य, ध्वनियाँ, गंध, और बनावट बच्चों की इंद्रियों को संलग्न करते हैं, जिससे उनकी संवेदी जागरूकता और प्रसंस्करण कौशल विकसित होते हैं। उदाहरण के लिए, पक्षियों के गीत को सुनना, पेड़ की छाल की बनावट को महसूस करना, और फूलों के रंगों और आकारों को देखना सभी संवेदी विकास में योगदान करते हैं। ये संवेदी अनुभव मस्तिष्क विकास के लिए महत्वपूर्ण हैं, क्योंकि वे तंत्रिका संबंधों को बनाने और मजबूत करने में मदद करते हैं।

प्रकृति और बाहरी अन्वेषण समस्या-समाधान और आलोचनात्मक सोच कौशल को बढ़ावा देकर संज्ञानात्मक विकास का समर्थन करते हैं। जब बच्चे बाहर का अन्वेषण करते हैं, तो वे विभिन्न चुनौतियों और अवसरों का सामना करते हैं जो उन्हें रचनात्मक रूप से सोचने और निर्णय लेने की आवश्यकता होती है। उदाहरण के लिए, एक ट्रेल पर नेविगेट करना, एक आश्रय बनाना, या विभिन्न पौधों और जानवरों की पहचान करना ऐसे संज्ञानात्मक प्रक्रियाओं को शामिल करता है जैसे अवलोकन, विश्लेषण, और मूल्यांकन। ये गतिविधियाँ बच्चों को स्वतंत्र रूप से सोचने, परिकल्पनाएँ विकसित करने, अपने विचारों का परीक्षण करने और अपने अनुभवों से सीखने के लिए प्रोत्साहित करती हैं। इसके अलावा, प्राकृतिक वातावरण अनियोजित खेल और अन्वेषण के अवसर प्रदान करता है, जो सृजनात्मकता और नवाचार को बढ़ावा देने के लिए आवश्यक हैं।

भावनात्मक रूप से, प्रकृति और बाहरी अन्वेषण बच्चों को आत्म-अभिव्यक्ति और भावनात्मक विनियमन के लिए मूल्यवान अवसर प्रदान करते हैं। बाहर समय बिताना बच्चों को स्वतंत्रता और स्वायत्तता का अनुभव करने की अनुमति देता है, जो उनके आत्मविश्वास और आत्म-सम्मान को बढ़ा सकता है। प्राकृतिक वातावरण एक शांतिपूर्ण और पुनर्स्थापना का स्थान भी प्रदान करता है, जो तनाव और चिंता को कम करने में मदद कर सकता है। उदाहरण के लिए, जंगल में, नदी के किनारे, या बगीचे में समय बिताना मन और शरीर पर सुखदायक प्रभाव डाल सकता है, विश्राम और भलाई को बढ़ावा देता है। इसके अलावा, ट्रेकिंग, कैम्पिंग, और बागवानी जैसी बाहरी गतिविधियाँ बच्चों को व्यक्तिगत लक्ष्यों को निर्धारित और प्राप्त करने का अवसर प्रदान करती हैं, जो उपलब्धि और गर्व की भावना को बढ़ावा देती हैं।

सामाजिक रूप से, प्रकृति और बाहरी अन्वेषण बातचीत और सहयोग के लिए कई अवसर प्रदान करते हैं। समूह गतिविधियाँ जैसे टीम खेल, समूह ट्रेकिंग, और प्रकृति आधारित खेल बच्चों को टीमवर्क और सहयोग के महत्व को सिखाती हैं। इन गतिविधियों के दौरान, बच्चों को प्रभावी ढंग से संवाद करना, संसाधनों को साझा करना, और सामान्य लक्ष्यों को प्राप्त करने के लिए मिलकर काम करना सीखना पड़ता है। इन सामाजिक अंतःक्रियाओं के माध्यम से, बच्चे महत्वपूर्ण सामाजिक कौशल विकसित करते हैं जैसे सहानुभूति, सहयोग, और संघर्ष समाधान। इसके अलावा, परिवार और दोस्तों के साथ बाहर समय बिताने से बंधन बनाने और स्थायी यादें बनाने के अवसर मिलते हैं।

माता-पिता और देखभालकर्ता बच्चों को प्रकृति और बाहरी अन्वेषण में संलग्न करने के लिए अवसर और संसाधन प्रदान करने में महत्वपूर्ण भूमिका निभाते हैं। बच्चों को बाहर समय बिताने और अपने आसपास के वातावरण का अन्वेषण करने के लिए प्रोत्साहित करना उतना ही सरल हो सकता है जितना कि नियमित रूप से पार्क में टहलना, प्रकृति अभ्यारण्यों का दौरा करना, या पिछवाड़े में समय बिताना। आवर्धक लेंस, दूरबीन, फील्ड गाइड्स, और प्रकृति जर्नल जैसी चीजें प्रदान करना बच्चों के अन्वेषण और सीखने के अनुभवों को और अधिक समृद्ध बना सकता है। ये उपकरण बच्चों को अपने अवलोकन और खोज को रिकॉर्ड करने में मदद करते हैं, जिससे उनके प्राकृतिक संसार की समझ और प्रशंसा गहरी होती

है।

प्रकृति और बाहरी अन्वेषण के लिए एक अनुकूल वातावरण बनाना बच्चों की सुरक्षा सुनिश्चित करने और उन्हें अन्वेषण की स्वतंत्रता देने के बीच संतुलन बनाने पर आधारित है। बच्चों की निगरानी करना और सीमाएँ निर्धारित करना दुर्घटनाओं और चोटों को रोकने के लिए महत्वपूर्ण है। हालाँकि, बच्चों को जोखिम लेने और अपने अनुभवों से सीखने के लिए स्वायत्तता देना भी आवश्यक है। बच्चों को पेड़ पर चढ़ने, असमान भूभाग पर चलने, और धाराओं और चट्टानों जैसी प्राकृतिक विशेषताओं का अन्वेषण करने की अनुमति देना उनके आत्मविश्वास और सहनशीलता को विकसित करने में मदद करता है। मार्गदर्शन और समर्थन प्रदान करना, जबकि स्वतंत्रता को प्रोत्साहित करना, रोमांच और जिज्ञासा की भावना को बढ़ावा देता है।

माता-पिता और देखभालकर्ता बच्चों के साथ प्रकृति और बाहरी अन्वेषण गतिविधियों में सक्रिय रूप से भाग लेकर इन अनुभवों को और अधिक सार्थक बना सकते हैं। साथ में इन गतिविधियों में शामिल होना, जैसे ट्रेकिंग, कैम्पिंग, पक्षी देखना, और बागवानी, परिवार के सदस्यों को एक-दूसरे और प्रकृति के साथ जुड़ने का अवसर प्रदान करता है। प्रकृति आधारित गतिविधियों में भाग लेना सकारात्मक व्यवहार और प्राकृतिक पर्यावरण के प्रति दृष्टिकोण का मॉडल प्रस्तुत कर सकता है, जो बच्चों को प्रकृति के प्रति आजीवन प्रशंसा विकसित करने के लिए प्रेरित कर सकता है।

दैनिक गतिविधियों में प्रकृति और बाहरी अन्वेषण को शामिल करना बच्चों की भागीदारी और आनंद को और अधिक बढ़ा सकता है। जैसे बगीचा लगाना, प्रकृति आधारित खोज खेल तैयार करना, या पक्षियों के लिए घर बनाना, ये गतिविधियाँ प्रकृति और बाहरी अन्वेषण को दैनिक जीवन का एक स्वाभाविक और आनंदमय हिस्सा बना सकती हैं। ये गतिविधियाँ समय लेने वाली या जटिल नहीं होनी चाहिए; यहाँ तक कि कुछ मिनटों का बाहरी खेल और अन्वेषण सकारात्मक प्रभाव डाल सकता है। इसके अलावा, दैनिक अनुभवों से प्रेरणा लेना, जैसे बदलते मौसमों को देखना, वन्यजीवों को देखना, या प्राकृतिक खजानों को इकट्ठा करना, बाहरी गतिविधियों के लिए नए विचार प्रदान कर सकता है।

शैक्षिक रूप से, प्रकृति और बाहरी अन्वेषण सीखने और खोज के लिए शक्तिशाली उपकरण के रूप में उपयोग किए जा सकते हैं। प्राकृतिक वातावरण एक समृद्ध और गतिशील कक्षा प्रदान करता है, जहाँ बच्चे जीव विज्ञान और पारिस्थितिकी से लेकर भूगोल और खगोल विज्ञान तक विभिन्न विषयों का अन्वेषण और अध्ययन कर सकते हैं। उदाहरण के लिए, पौधों और जानवरों के जीवन चक्र का अवलोकन करना, मौसम के पैटर्न का अध्ययन करना, और भूवैज्ञानिक संरचनाओं का अन्वेषण करना बच्चों की वैज्ञानिक अवधारणाओं और घटनाओं की समझ को गहरा कर सकता है। प्रकृति को शिक्षा के संदर्भ के रूप में उपयोग करना शिक्षा को अधिक आकर्षक और प्रासंगिक बनाता है, दुनिया के प्रति आश्चर्य और जिज्ञासा की भावना को प्रोत्साहित करता है।

प्रकृति और बाहरी अन्वेषण सांस्कृतिक और ऐतिहासिक सीखने के लिए भी मूल्यवान अवसर प्रदान करते हैं। प्राकृतिक परिदृश्यों, ऐतिहासिक स्थलों, और सांस्कृतिक स्थलों का अन्वेषण बच्चों की अपनी विरासत और आसपास की दुनिया की समझ को गहरा कर सकता है। स्वदेशी पौधों और जानवरों, पारंपरिक प्रथाओं, और प्राकृतिक स्थलों से जुड़ी ऐतिहासिक घटनाओं के बारे में जानना सांस्कृतिक जागरूकता और प्रशंसा को बढ़ावा दे सकता है। सांस्कृतिक त्योहारों में भाग लेना, बाहरी प्रदर्शनियों में जाना, और विरासत स्थलों का दौरा करना बच्चों के सांस्कृतिक अनुभवों को समृद्ध कर सकता है और वैश्विक नागरिकता की भावना को प्रोत्साहित कर सकता है।

आज के डिजिटल युग में, स्क्रीन समय और प्रकृति तथा बाहरी अन्वेषण के बीच संतुलन बनाना बच्चों के विकास के लिए अत्यंत आवश्यक है। जबकि प्रौद्योगिकी शिक्षा और मनोरंजन के लिए मूल्यवान उपकरण प्रदान करती है, यह सुनिश्चित करना महत्वपूर्ण है कि बच्चों के पास प्राकृतिक पर्यावरण में शारीरिक और स्पर्श अनुभवों के लिए पर्याप्त अवसर हों। प्रकृति के साथ जुड़ना स्क्रीन से एक विराम प्रदान करता है और शारीरिक गतिविधि, संवेदी अन्वेषण, और ठोस दुनिया के साथ संबंध को बढ़ावा देता है। ट्रेकिंग, बागवानी, और प्राकृतिक सेटिंग्स में खेल जैसी बाहरी गतिविधियों को प्रोत्साहित करना बच्चों की समग्र भलाई को बढ़ाता है और पर्यावरणीय संरक्षण की भावना को प्रोत्साहित करता है।

बच्चों के प्रकृति और बाहरी अन्वेषण के प्रयासों का उत्सव मनाना इन

गतिविधियों के प्रति प्रेम को बढ़ावा देने के लिए अत्यंत महत्वपूर्ण है। उनकी जिज्ञासा, प्रयास, और खोज की सराहना करना प्रकृति और बाहरी अन्वेषण के मूल्य को सुदृढ़ करता है और उन्हें प्राकृतिक दुनिया का अन्वेषण जारी रखने के लिए प्रोत्साहित करता है। प्रकृति जर्नल बनाना, बाहरी रोमांच के बारे में कहानियाँ साझा करना, और प्राकृतिक खजानों का संग्रह प्रदर्शित करना बच्चों के आत्मविश्वास और प्रेरणा को बढ़ाता है। ये गतिविधियाँ आत्म-चिंतन और सीखने के अवसर भी प्रदान करती हैं, बच्चों को प्राकृतिक पर्यावरण की गहरी समझ और प्रशंसा विकसित करने में मदद करती हैं।

अंत में, प्रकृति और बाहरी अन्वेषण ऐसी गतिविधियाँ हैं जो बच्चों के विकास के लिए कई लाभ प्रदान करती हैं। ये गतिविधियाँ शारीरिक कौशल को बढ़ाती हैं, संज्ञानात्मक विकास को प्रोत्साहित करती हैं, भावनात्मक भलाई का समर्थन करती हैं, और सामाजिक बातचीत को बढ़ावा देती हैं। प्रकृति और बाहरी अन्वेषण के लिए अवसर और संसाधन प्रदान करके, एक अनुकूल वातावरण बनाकर, और बच्चों के साथ इन गतिविधियों में भाग लेकर, माता-पिता और देखभालकर्ता प्रकृति और आजीवन सीखने के प्रति प्रेम को बढ़ावा दे सकते हैं। प्रकृति और बाहरी अन्वेषण के समृद्ध और गतिशील अनुभवों के माध्यम से, बच्चे आवश्यक कौशल विकसित कर सकते हैं, आत्मविश्वास बना सकते हैं, और प्राकृतिक दुनिया के साथ जुड़ने के गहरे लाभों का अनुभव कर सकते हैं।

"विभिन्न संस्कृतियों का अन्वेषण बच्चों के दृष्टिकोण का विस्तार करता है और सहानुभूति को प्रोत्साहित करता है। यह उन्हें मानव विविधता की समृद्धि की सराहना करने में मदद करता है। यह समझ वैश्विक नागरिकों को विकसित करने के लिए अत्यंत महत्वपूर्ण है।"

7

रचनात्मक समस्या-समाधान कौशल

रचनात्मक समस्या-समाधान कौशल जीवन की जटिलताओं को समझने और विभिन्न क्षेत्रों में सफलता प्राप्त करने के लिए अत्यंत महत्वपूर्ण हैं। ये कौशल व्यक्तियों को चुनौतियों का सामना नवीन सोच, अनुकूलनशीलता और कई समाधान खोजने की तत्परता के साथ करने में सक्षम बनाते हैं। बच्चों के लिए रचनात्मक समस्या-समाधान कौशल विकसित करना विशेष रूप से महत्वपूर्ण है क्योंकि यह संज्ञानात्मक विकास को बढ़ावा देता है, भावनात्मक सहनशीलता को मजबूत करता है, और उन्हें भविष्य के शैक्षणिक और पेशेवर प्रयासों के लिए तैयार करता है। ऐसी गतिविधियों में भाग लेना, जो रचनात्मक समस्या-समाधान को प्रोत्साहित करती हैं, बच्चों को आत्मविश्वासी, संसाधनपूर्ण और प्रभावी विचारक बनने में मदद करता है।

रचनात्मक समस्या-समाधान का एक प्रमुख घटक विभाजनकारी सोचने की क्षमता है। विभाजनकारी सोच में विचारों की एक विस्तृत श्रृंखला उत्पन्न करना और एकल समाधान पर पहुंचने से पहले विभिन्न संभावनाओं का अन्वेषण करना शामिल है। इस प्रकार की सोच बच्चों को पारंपरिक दृष्टिकोणों से आगे बढ़ने और वैकल्पिक दृष्टिकोणों पर विचार करने के लिए प्रोत्साहित करती है। विभाजनकारी सोच को प्रोत्साहित करने वाली गतिविधियाँ, जैसे विचार-मंथन सत्र, खुले-समाप्ति वाले प्रश्न, और रचनात्मक चुनौतियाँ, बच्चों को बाहर से सोचने की क्षमता विकसित करने में मदद करती हैं। उदाहरण के लिए, बच्चों से

एक सामान्य वस्तु, जैसे कि पेपरक्लिप, के कई उपयोगों के बारे में पूछना उन्हें रचनात्मक रूप से सोचने और विभिन्न संभावनाओं पर विचार करने के लिए प्रोत्साहित करता है।

जिज्ञासा और आश्चर्य की भावना को प्रोत्साहित करना रचनात्मक समस्या-समाधान कौशल विकसित करने के लिए भी महत्वपूर्ण है। जो बच्चे जिज्ञासु और जिज्ञासु होते हैं, वे नए विचारों का अन्वेषण करने और नए समाधान खोजने की अधिक संभावना रखते हैं। माता-पिता और देखभालकर्ता अन्वेषण और खोज के अवसर प्रदान करके जिज्ञासा को पोषित कर सकते हैं। इसमें संग्रहालयों का दौरा करना, प्रकृति का अन्वेषण करना, और व्यावहारिक गतिविधियों में संलग्न होना शामिल हो सकता है। खुले-समाप्ति वाले प्रश्न पूछना और बच्चों को अपने प्रश्न पूछने के लिए प्रोत्साहित करना उनकी जिज्ञासा और सीखने की प्रेरणा को और बढ़ा सकता है।

रचनात्मक समस्या-समाधान में आलोचनात्मक और विश्लेषणात्मक सोचने की क्षमता की भी आवश्यकता होती है। आलोचनात्मक सोच में जानकारी का मूल्यांकन करना, पैटर्न की पहचान करना, और विभिन्न अवधारणाओं के बीच संबंध बनाना शामिल है। आलोचनात्मक सोच को प्रोत्साहित करने वाली गतिविधियाँ, जैसे पहेलियाँ, खेल, और तर्क चुनौतियाँ, बच्चों को उनके विश्लेषणात्मक कौशल विकसित करने में मदद करती हैं। उदाहरण के लिए, एक जिगसॉ पहेली को हल करना बच्चों को टुकड़ों के आकार और रंगों का विश्लेषण करने, पैटर्न की पहचान करने और यह तय करने की आवश्यकता होती है कि वे एक साथ कैसे फिट होते हैं। इसी प्रकार, शतरंज या बोर्ड गेम जैसे रणनीतिक खेल खेलना बच्चों को आगे की सोचने, संभावित परिणामों की आशंका करने और रणनीतिक योजनाएँ विकसित करने के लिए प्रोत्साहित करता है।

रचनात्मक समस्या-समाधान का एक और महत्वपूर्ण पहलू जोखिम लेने और असफलता को अपनाने की तत्परता है। जो बच्चे गलतियाँ करने या असफलता का अनुभव करने से डरते हैं, वे नए दृष्टिकोणों को आज़माने या अपरंपरागत समाधानों का अन्वेषण करने में हिचकिचा सकते हैं। प्रयास और गलतियों से सीखने के मूल्य पर जोर देने वाले विकासशील मानसिकता को प्रोत्साहित करना बच्चों को सहनशीलता और चुनौतियों के प्रति सकारात्मक दृष्टिकोण विकसित

करने में मदद कर सकता है। माता-पिता और देखभालकर्ता प्रयास और दृढ़ता की प्रशंसा करके, बजाय केवल परिणामों पर ध्यान केंद्रित करने के, विकासशील मानसिकता का उदाहरण प्रस्तुत कर सकते हैं। सफल व्यक्तियों की कहानियाँ साझा करना, जिन्होंने बाधाओं को पार किया और अपनी असफलताओं से सीखा, बच्चों को चुनौतियों को विकास के अवसर के रूप में देखने के लिए प्रेरित कर सकता है।

सहयोग और टीमवर्क भी रचनात्मक समस्या-समाधान कौशल विकसित करने के लिए आवश्यक हैं। दूसरों के साथ काम करना बच्चों को विचार साझा करने, नए दृष्टिकोण प्राप्त करने, और एक-दूसरे की ताकत पर निर्माण करने की अनुमति देता है। सहयोगात्मक गतिविधियाँ, जैसे समूह परियोजनाएँ, टीम खेल, और सहकारी खेल, बच्चों को संचार, सहयोग, और समझौता करने के महत्व को सिखाती हैं। ये अनुभव बच्चों को दूसरों के साथ प्रभावी ढंग से काम करने, विभिन्न दृष्टिकोणों को सुनने, और समाधान पर बातचीत करने की क्षमता विकसित करने में मदद करते हैं। उदाहरण के लिए, एक समूह परियोजना में भाग लेना, जहाँ बच्चों को एक मॉडल बनाना या एक कार्य पूरा करना होता है, उन्हें सहयोग, जिम्मेदारियाँ सौंपने और अपने विचारों को एकीकृत करने की आवश्यकता होती है।

रचनात्मक समस्या-समाधान कौशल को प्रोत्साहित करने के लिए व्यावहारिक, अनुभवात्मक सीखने के अवसर प्रदान करना एक प्रभावी तरीका है। व्यावहारिक गतिविधियाँ, जैसे निर्माण परियोजनाएँ, विज्ञान प्रयोग, और कला परियोजनाएँ, बच्चों को अवधारणाओं का अनुभवात्मक और इंटरैक्टिव तरीके से अन्वेषण करने की अनुमति देती हैं। ये गतिविधियाँ प्रयोग, परीक्षण और त्रुटि, और पुनरावृति की सोच को प्रोत्साहित करती हैं। उदाहरण के लिए, एक विज्ञान प्रयोग करना, जहाँ बच्चों को अपने परिकल्पनाओं को डिज़ाइन और परीक्षण करना होता है, समस्या-समाधान के कई चरणों को शामिल करता है, जैसे कि प्रयोग की योजना बनाना, उसे निष्पादित करना, परिणामों का विश्लेषण करना और निष्कर्ष निकालना। इसी प्रकार, ब्लॉक्स या अन्य सामग्री के साथ संरचना बनाना बच्चों को विभिन्न डिज़ाइनों के साथ प्रयोग करने, संरचनात्मक कमजोरियों की पहचान करने, और स्थिरता प्राप्त करने के लिए समायोजन करने की आवश्यकता होती है।

बच्चों को लक्ष्य निर्धारित करने और उनकी रुचियों को आगे बढ़ाने के लिए प्रोत्साहित करना भी रचनात्मक समस्या-समाधान कौशल को बढ़ावा दे सकता है। जब बच्चे अपनी रुचियों और जुनून से प्रेरित होते हैं, तो वे चुनौतियों के साथ गहराई से जुड़ने और समाधान खोजने में दृढ़ रहने की अधिक संभावना रखते हैं। माता-पिता और देखभालकर्ता बच्चों की रुचियों को समर्थन प्रदान कर सकते हैं, जैसे कि संसाधन, मार्गदर्शन, और प्रोत्साहन। उदाहरण के लिए, यदि कोई बच्चा रोबोटिक्स में रुचि रखता है, तो रोबोटिक्स किट, कोडिंग सॉफ़्टवेयर, और संबंधित पुस्तकों तक पहुँच प्रदान करना उन्हें अपनी रुचियों का अन्वेषण करने और इस प्रक्रिया में समस्या-समाधान कौशल विकसित करने में मदद कर सकता है। लक्ष्य निर्धारित करना, जैसे कि एक विशेष परियोजना को पूरा करना या एक नया कौशल प्राप्त करना, बच्चों को उद्देश्य और दिशा की भावना प्रदान करता है, जो उन्हें बाधाओं को दूर करने और अपने उद्देश्यों को प्राप्त करने के लिए प्रेरित करता है।

विविध दृष्टिकोणों और अनुभवों के संपर्क में आना रचनात्मक समस्या-समाधान कौशल विकसित करने के लिए भी महत्वपूर्ण है। विभिन्न पृष्ठभूमियों, संस्कृतियों, और अनुशासनों के लोगों के साथ बातचीत करना बच्चों के दृष्टिकोण को व्यापक करता है और नई सोच को प्रेरित करता है। बच्चों को विविध किताबें पढ़ने, सांस्कृतिक गतिविधियों में भाग लेने, और सामुदायिक आयोजनों में शामिल होने के लिए प्रोत्साहित करना समस्या-समाधान के दौरान आकर्षित करने के लिए अनुभवों का एक समृद्ध आधार प्रदान करता है। इसके अलावा, एक समावेशी और सम्मानजनक वातावरण को बढ़ावा देना, जहाँ विविध दृष्टिकोणों को महत्व और उत्सव दिया जाता है, बच्चों को सहानुभूति और खुले दिमाग का विकास करने में मदद कर सकता है, जो प्रभावी समस्या-समाधान के लिए आवश्यक हैं।

प्रतिबिंब और आत्म-मूल्यांकन रचनात्मक समस्या-समाधान के महत्वपूर्ण घटक हैं। बच्चों को अपने अनुभवों पर विचार करने, अपने दृष्टिकोण का मूल्यांकन करने, और उन्होंने जो सीखा है उस पर विचार करने के लिए प्रोत्साहित करना उन्हें आत्म-जागरूकता विकसित करने और अपने समस्या-समाधान क्षमताओं में सुधार करने में मदद करता है। प्रतिबिंबात्मक गतिविधियाँ, जैसे कि जर्नलिंग,

चर्चाएँ, और आत्म-मूल्यांकन चेकलिस्ट, बच्चों को अपने समस्या-समाधान प्रक्रियाओं के बारे में आलोचनात्मक रूप से सोचने और विकास के क्षेत्रों की पहचान करने के अवसर प्रदान करती हैं। उदाहरण के लिए, एक परियोजना को पूरा करने के बाद, बच्चों से यह पूछना कि क्या अच्छा हुआ, उन्हें किन चुनौतियों का सामना करना पड़ा, और वे अगली बार क्या अलग तरीके से करेंगे, उन्हें उनकी समस्या-समाधान रणनीतियों और उन्हें सुधारने के तरीकों को गहराई से समझने में मदद कर सकता है।

प्रौद्योगिकी और डिजिटल उपकरणों को शामिल करना रचनात्मक समस्या-समाधान कौशल को और भी बढ़ा सकता है। प्रौद्योगिकी जानकारी, संसाधनों, और उपकरणों तक पहुँच प्रदान करती है, जो समस्या-समाधान प्रयासों का समर्थन कर सकते हैं। उदाहरण के लिए, एक प्रोग्राम या गेम बनाने के लिए कोडिंग सॉफ्टवेयर का उपयोग करना तार्किक सोच, योजना, और समस्या निवारण को शामिल करता है। डिजिटल उपकरण, जैसे सिमुलेशन सॉफ्टवेयर, वर्चुअल लैब्स, और ऑनलाइन सहयोग मंच, बच्चों को अवधारणाओं का अन्वेषण और समस्याओं को हल करने के लिए इंटरैक्टिव और आकर्षक तरीके प्रदान करते हैं। हालाँकि, यह सुनिश्चित करना महत्वपूर्ण है कि स्क्रीन समय को व्यावहारिक, वास्तविक दुनिया के अनुभवों के साथ संतुलित किया जाए ताकि समस्या-समाधान कौशल का संतुलित विकास हो।

माता-पिता और देखभालकर्ता एक सहायक और प्रेरक वातावरण बनाकर रचनात्मक समस्या-समाधान कौशल को प्रोत्साहित करने में महत्वपूर्ण भूमिका निभा सकते हैं। अन्वेषण गतिविधियों में भाग लेने के लिए विभिन्न सामग्रियों, संसाधनों, और अवसरों की उपलब्धता बच्चों को प्रोत्साहित करती है। एक ऐसा स्थान बनाना, जहाँ बच्चे जोखिम लेने, गलतियाँ करने, और अपने अनुभवों से सीखने में सुरक्षित महसूस करें, उनकी सृजनशीलता और सहनशीलता को पोषित करने के लिए आवश्यक है। इसके अलावा, समस्या-समाधान व्यवहार का मॉडल प्रस्तुत करना, जैसे कि सोच को ज़ोर से व्यक्त करना, प्रश्न पूछना, और दृढ़ता का प्रदर्शन करना, बच्चों को अपनी समस्या-समाधान गतिविधियों में समान दृष्टिकोण अपनाने के लिए प्रेरित कर सकता है।

बच्चों की समस्या-समाधान प्रयासों और उपलब्धियों का उत्सव मनाना

रचनात्मक समस्या-समाधान के प्रति प्रेम को प्रोत्साहित करने के लिए भी महत्वपूर्ण है। बच्चों की सृजनशीलता, प्रयास, और दृढ़ता की प्रशंसा करना इन कौशलों के मूल्य को सुदृढ़ करता है और उन्हें अपनी समस्या-समाधान क्षमताओं का अन्वेषण और विकास जारी रखने के लिए प्रोत्साहित करता है। बच्चों के काम को प्रदर्शित करने, उनके अनुभव साझा करने, और दूसरों से प्रतिक्रिया प्राप्त करने के अवसर प्रदान करना उनके आत्मविश्वास और प्रेरणा को बढ़ा सकता है। उदाहरण के लिए, विज्ञान मेले, कला प्रदर्शनियों, या परियोजना प्रस्तुतियों का आयोजन, जहाँ बच्चे अपने समस्या-समाधान परियोजनाएँ परिवार, दोस्तों, और समुदाय के साथ प्रस्तुत कर सकते हैं, मान्यता और उत्सव के लिए एक मंच प्रदान कर सकता है।

अंत में, रचनात्मक समस्या-समाधान कौशल जीवन की जटिलताओं को समझने और विभिन्न क्षेत्रों में सफलता प्राप्त करने के लिए आवश्यक हैं। ये कौशल व्यक्तियों को चुनौतियों का सामना नवीन सोच, अनुकूलनशीलता, और कई समाधान खोजने की तत्परता के साथ करने में सक्षम बनाते हैं। बच्चों के लिए, रचनात्मक समस्या-समाधान कौशल विकसित करना विशेष रूप से महत्वपूर्ण है क्योंकि यह संज्ञानात्मक विकास को बढ़ावा देता है, भावनात्मक सहनशीलता को मजबूत करता है, और उन्हें भविष्य के शैक्षणिक और पेशेवर प्रयासों के लिए तैयार करता है। विभाजनकारी सोच के अवसर प्रदान करके, जिज्ञासा को पोषित करके, आलोचनात्मक सोच को प्रोत्साहित करके, जोखिम लेने को बढ़ावा देकर, सहयोग को प्रोत्साहित करके, और व्यावहारिक सीखने का समर्थन करके, माता-पिता और देखभालकर्ता बच्चों को उन रचनात्मक समस्या-समाधान कौशल विकसित करने में मदद कर सकते हैं, जिनकी उन्हें प्रगति के लिए आवश्यकता है। रचनात्मक समस्या-समाधान के समृद्ध और गतिशील अनुभवों के माध्यम से, बच्चे आवश्यक कौशल विकसित कर सकते हैं, आत्मविश्वास बना सकते हैं, और नवीन सोच और प्रभावी समस्या-समाधान के गहरे लाभों का अनुभव कर सकते हैं।

"कहानी सुनाना और रचनात्मक लेखन आत्म-अभिव्यक्ति के शक्तिशाली उपकरण हैं। वे बच्चों को अपने विचारों और भावनाओं को स्पष्ट रूप से व्यक्त करने में मदद करते हैं। ये गतिविधियाँ उनके भाषा कौशल और संज्ञानात्मक विकास को भी बढ़ाती हैं।"

8

भूमिका निभाना और नाटक

भूमिका निभाना और नाटक बचपन के विकास के लिए शक्तिशाली उपकरण हैं, जो संज्ञानात्मक, भावनात्मक, सामाजिक और भाषाई विकास सहित विभिन्न क्षेत्रों में अनेक लाभ प्रदान करते हैं। इन गतिविधियों में संलग्न होना बच्चों को विभिन्न भूमिकाओं और परिदृश्यों में कदम रखने की अनुमति देता है, जिससे उन्हें विभिन्न दृष्टिकोणों का अन्वेषण करने, सहानुभूति विकसित करने और अपने संचार कौशल को बढ़ाने में मदद मिलती है। भूमिका निभाने और नाटक के माध्यम से, बच्चे अपनी रचनात्मकता व्यक्त कर सकते हैं, जटिल सामाजिक संपर्कों का प्रबंधन कर सकते हैं, और खुद को और अपने आसपास की दुनिया को गहराई से समझ सकते हैं।

भूमिका निभाने और नाटक का सबसे महत्वपूर्ण लाभ संज्ञानात्मक कौशल का विकास है। जब बच्चे इन गतिविधियों में भाग लेते हैं, तो वे विभिन्न पात्रों और परिदृश्यों को बनाने और उनमें रहने के लिए अपनी कल्पना का उपयोग करते हैं। इस कल्पनाशील खेल की प्रक्रिया बच्चों को अमूर्त और प्रतीकात्मक रूप से सोचने के लिए प्रोत्साहित करके संज्ञानात्मक विकास को उत्तेजित करती है। वे कथाएँ बनाने, कारण-परिणाम संबंधों को समझने और विभिन्न विचारों के बीच संबंध बनाने का तरीका सीखते हैं। उदाहरण के लिए, किसी कहानी का अभिनय करना कथानक को समझने, पात्रों को विकसित करने और संवाद याद रखने की आवश्यकता होती है, जिनमें स्मृति, ध्यान, और योजना जैसी संज्ञानात्मक

प्रक्रियाएँ शामिल होती हैं।

भूमिका निभाने और नाटक समस्या-समाधान और आलोचनात्मक सोच कौशल को भी बढ़ावा देते हैं। जब बच्चे नाटकीय खेल में संलग्न होते हैं, तो वे अक्सर ऐसी स्थितियों का सामना करते हैं जो उन्हें त्वरित सोचने और रचनात्मक समाधान खोजने की आवश्यकता होती है। उदाहरण के लिए, यदि वे जंगल में खोए हुए खोजकर्ता होने का नाटक कर रहे हैं, तो उन्हें अपने परिवेश और संसाधनों का उपयोग करके घर का रास्ता खोजने का तरीका निकालना होगा। इस प्रकार का खेल बच्चों को विभाजनकारी रूप से सोचने, कई संभावनाओं का अन्वेषण करने और विभिन्न परिणामों पर विचार करने के लिए प्रोत्साहित करता है। यह सहनशीलता को भी बढ़ावा देता है, क्योंकि वे नई चुनौतियों के अनुकूल होना और समाधान खोजने में दृढ़ रहना सीखते हैं।

भावनात्मक रूप से, भूमिका निभाना और नाटक बच्चों को आत्म-अभिव्यक्ति और भावनात्मक अन्वेषण के लिए मूल्यवान अवसर प्रदान करते हैं। विभिन्न भूमिकाओं को अपनाने से बच्चे एक सुरक्षित और सहायक वातावरण में भावनाओं की एक विस्तृत श्रृंखला का अन्वेषण कर सकते हैं। वे अपने पात्रों के माध्यम से खुशी, गुस्सा, डर, और उदासी जैसी भावनाओं को व्यक्त करने का प्रयोग कर सकते हैं। यह प्रक्रिया बच्चों को अपनी भावनाओं को बेहतर ढंग से समझने और प्रबंधित करने में मदद करती है, जिससे उनकी भावनात्मक बुद्धिमत्ता और नियंत्रण बढ़ता है। उदाहरण के लिए, एक ऐसे दृश्य का अभिनय करना जिसमें एक पात्र डर महसूस कर रहा है, एक बच्चे को अपने डर को संसाधित करने और सामना करने की रणनीतियाँ विकसित करने में मदद कर सकता है। इसके अतिरिक्त, भूमिका निभाना और नाटक तनाव और दबे हुए भावनाओं को छोड़ने के लिए एक चिकित्सीय माध्यम प्रदान कर सकते हैं।

भूमिका निभाना और नाटक सामाजिक विकास में भी महत्वपूर्ण भूमिका निभाते हैं। इन गतिविधियों में संलग्न होना बच्चों को दूसरों के साथ बातचीत करने, परिदृश्यों को बनाने में सहयोग करने और प्रभावी ढंग से संवाद करने की आवश्यकता होती है। वे बारी लेना, विचार साझा करना, और अपनी कहानियों को जीवन में लाने के लिए एक साथ काम करना सीखते हैं। ये सामाजिक संपर्क बच्चों को सहानुभूति, सहयोग, और संघर्ष समाधान जैसे महत्वपूर्ण सामाजिक कौशल

विकसित करने में मदद करते हैं। विभिन्न भूमिकाओं में कदम रखकर, बच्चे चीजों को अन्य दृष्टिकोणों से देखना सीखते हैं, जो उनकी दूसरों को समझने और उनके साथ संबंध बनाने की क्षमता को बढ़ाता है। उदाहरण के लिए, एक डॉक्टर बनने का नाटक करना जो मरीजों का इलाज कर रहा है, एक बच्चे को दूसरों के अनुभवों के प्रति सहानुभूति और करुणा विकसित करने में मदद करता है।

भाषा और संचार कौशल भूमिका निभाने और नाटक के माध्यम से काफी हद तक बढ़ते हैं। ये गतिविधियाँ बच्चों को अपनी शब्दावली का अभ्यास और विस्तार करने, अपनी उच्चारण को सुधारने, और अपने संवादात्मक कौशल को विकसित करने के अवसर प्रदान करती हैं। जब बच्चे नाटकीय खेल में संलग्न होते हैं, तो उन्हें अपने विचारों को संवाद करने, भूमिकाओं पर बातचीत करने, और अपने पात्रों के विचारों और भावनाओं को व्यक्त करने की आवश्यकता होती है। यह प्रक्रिया उन्हें एक अर्थपूर्ण और आकर्षक संदर्भ में अपनी भाषा कौशल विकसित करने में मदद करती है। उदाहरण के लिए, एक शिक्षक की भूमिका निभाना जो छात्रों को पाठ समझा रहा है, एक बच्चे को स्पष्ट और सटीक भाषा का उपयोग करने की आवश्यकता होती है, जिससे उनके मौखिक संचार कौशल में सुधार होता है। इसके अतिरिक्त, नाटक या स्किट में संवाद याद रखना और प्रस्तुत करना बच्चों की पढ़ने की प्रवाहता और समझ को बढ़ा सकता है।

भूमिका निभाना और नाटक को विभिन्न विषयों में सीखने को बढ़ाने के लिए शैक्षिक उपकरणों के रूप में भी उपयोग किया जा सकता है। उदाहरण के लिए, ऐतिहासिक घटनाओं या साहित्यिक दृश्यों को अभिनय के माध्यम से बच्चों के इतिहास और साहित्य की समझ को गहरा किया जा सकता है। वे ऐतिहासिक हस्तियों और घटनाओं पर एक अधिक गहन और सहानुभूतिपूर्ण दृष्टिकोण प्राप्त कर सकते हैं, जिससे सीखना अधिक आकर्षक और यादगार हो जाता है। इसी प्रकार, वैज्ञानिक अवधारणाओं का अन्वेषण करने के लिए नाटक का उपयोग करना, जैसे कि तितली के जीवन चक्र या जल चक्र को अभिनय करना, बच्चों को जटिल विचारों को मजेदार और इंटरैक्टिव तरीके से समझने में मदद कर सकता है।

भूमिका निभाने और नाटक को दैनिक गतिविधियों में शामिल करना बच्चों के विकास को और अधिक बढ़ा सकता है। माता-पिता और देखभालकर्ता बच्चों को

नाटकीय खेल के लिए प्रोत्साहित कर सकते हैं, जैसे कि उन्हें पोशाक, प्रॉप्स, और अन्य सामग्री प्रदान करना जो कल्पनाशील परिदृश्यों को प्रेरित करती हैं। साधारण वस्तुएँ जैसे टोपी, स्कार्फ, और घरेलू सामान अंतहीन रचनात्मक खेल के लिए प्रॉप्स में बदले जा सकते हैं। नाटकीय खेल के लिए एक समर्पित स्थान बनाना, जैसे कि एक कमरे का कोना जिसमें ड्रेस-अप बॉक्स और एक छोटा मंच क्षेत्र हो, बच्चों को अपनी सृजनशीलता का अन्वेषण करने के लिए एक विशेष स्थान प्रदान कर सकता है।

बच्चों के साथ भूमिका निभाने और नाटक गतिविधियों में भाग लेना माता-पिता और बच्चों के बीच के बंधन को मजबूत कर सकता है और साझा अनुभवों के लिए मूल्यवान अवसर प्रदान कर सकता है। माता-पिता और देखभालकर्ता खेल में शामिल हो सकते हैं, भूमिकाएँ निभा सकते हैं और साथ में कहानियाँ बना सकते हैं। यह सहभागिता न केवल बच्चों के विकास का समर्थन करती है बल्कि सकारात्मक सामाजिक संपर्कों और संचार कौशल का मॉडल प्रस्तुत करती है। बच्चों को अपने नाटक या स्किट तैयार करने और उन्हें परिवार और दोस्तों के लिए प्रस्तुत करने के लिए प्रोत्साहित करना उनके आत्मविश्वास को बढ़ा सकता है और उन्हें अपनी सृजनात्मकता को प्रदर्शित करने के लिए एक मंच प्रदान कर सकता है।

प्रौद्योगिकी भी भूमिका निभाने और नाटक गतिविधियों को बढ़ाने के लिए एक मूल्यवान उपकरण हो सकती है। डिजिटल कहानी कहने वाले ऐप्स, वीडियो रिकॉर्डिंग उपकरण, और प्रदर्शन साझा करने के लिए ऑनलाइन मंच बच्चों को अपना काम बनाने और साझा करने के नए और रोमांचक तरीके प्रदान करते हैं। ये उपकरण बच्चों के नाटक अनुभवों को इंटरैक्टिव और मल्टीमीडिया तत्वों के साथ बढ़ा सकते हैं, जैसे कि उनके प्रदर्शनों में संगीत, ध्वनि प्रभाव, और डिजिटल पृष्ठभूमि जोड़ना। हालाँकि, स्क्रीन समय को हाथों से किए जाने वाले, वास्तविक दुनिया के नाटकीय खेल के साथ संतुलित करना महत्वपूर्ण है ताकि रचनात्मक अनुभव का संतुलित विकास सुनिश्चित किया जा सके।

भूमिका निभाना और नाटक सांस्कृतिक अन्वेषण और सराहना के लिए भी मूल्यवान अवसर प्रदान कर सकते हैं। नाटकीय खेल के माध्यम से विभिन्न संस्कृतियों की कहानियों और पात्रों का अन्वेषण करना बच्चों के दृष्टिकोण को

व्यापक कर सकता है और सांस्कृतिक जागरूकता और सहानुभूति को बढ़ावा दे सकता है। सांस्कृतिक त्योहारों में भाग लेना, नाट्य प्रदर्शन देखना, और विभिन्न संस्कृतियों से पारंपरिक कहानी कहने और नाटक तकनीकों के बारे में जानना बच्चों के सांस्कृतिक अनुभवों को समृद्ध कर सकता है और वैश्विक नागरिकता की भावना को प्रोत्साहित कर सकता है।

शिक्षकों के लिए, पाठ्यक्रम में भूमिका निभाने और नाटक को शामिल करना सीखने को अधिक आकर्षक और प्रभावी बना सकता है। शैक्षणिक सामग्री का अन्वेषण करने के लिए नाटक-आधारित गतिविधियों का उपयोग करना, जैसे कि ऐतिहासिक घटनाओं को फिर से बनाना, साहित्यिक दृश्यों का प्रदर्शन करना, या वैज्ञानिक अवधारणाओं को नाटकीय बनाना, छात्रों की सामग्री की समझ और स्मरण शक्ति को गहरा कर सकता है। नाटक गतिविधियों का उपयोग सामाजिक-भावनात्मक कौशल विकसित करने के लिए भी किया जा सकता है, जैसे कि सहानुभूति, टीम वर्क, और संघर्ष समाधान, क्योंकि यह छात्रों को विभिन्न दृष्टिकोणों का अन्वेषण करने और सकारात्मक सामाजिक संपर्कों का अभ्यास करने की अनुमति देता है।

बच्चों के भूमिका निभाने और नाटक प्रयासों का उत्सव मनाना इन गतिविधियों के प्रति प्रेम को प्रोत्साहित करने के लिए महत्वपूर्ण है। उनकी सृजनशीलता, प्रयास, और प्रदर्शन कौशल की सराहना करना नाटकीय खेल के मूल्य को सुदृढ़ करता है और उन्हें अपनी सृजनशीलता का अन्वेषण जारी रखने के लिए प्रोत्साहित करता है। बच्चों के काम को प्रदर्शित करने, उनके अनुभव साझा करने, और दूसरों से प्रतिक्रिया प्राप्त करने के अवसर प्रदान करना उनके आत्मविश्वास और प्रेरणा को बढ़ा सकता है। उदाहरण के लिए, स्कूल के नाटक, पारिवारिक स्किट, या सामुदायिक प्रदर्शन आयोजित करना, जहाँ बच्चे अपने नाटक परियोजनाओं को प्रस्तुत कर सकते हैं, मान्यता और उत्सव के लिए एक मंच प्रदान कर सकता है।

अंत में, भूमिका निभाना और नाटक ऐसी गतिविधियाँ हैं जो बच्चों के विकास के लिए अनगिनत लाभ प्रदान करती हैं। ये गतिविधियाँ संज्ञानात्मक कौशल को बढ़ाती हैं, भावनात्मक विकास को प्रोत्साहित करती हैं, सामाजिक विकास का समर्थन करती हैं, और भाषा और संचार क्षमताओं में सुधार करती हैं। नाटकीय

खेल के लिए अवसर और संसाधन प्रदान करके, एक सहायक वातावरण बनाकर, और बच्चों के साथ इन गतिविधियों में भाग लेकर, माता-पिता और देखभालकर्ता भूमिका निभाने और नाटक के प्रति प्रेम और आजीवन सीखने को बढ़ावा दे सकते हैं। भूमिका निभाने और नाटक के समृद्ध और गतिशील अनुभवों के माध्यम से, बच्चे आवश्यक कौशल विकसित कर सकते हैं, आत्मविश्वास बना सकते हैं, और रचनात्मक अभिव्यक्ति और सामाजिक संपर्क के गहरे लाभों का अनुभव कर सकते हैं।

"संगीत और गति गतिविधियाँ शारीरिक और भावनात्मक विकास को प्रोत्साहित करती हैं। वे आत्म-अभिव्यक्ति और आनंद के लिए एक माध्यम प्रदान करती हैं। संगीत और गति के साथ जुड़ने से बच्चों का समन्वय और लय विकसित होता है।"

9

विकासशील मानसिकता को प्रोत्साहित करना

बच्चों में विकासशील मानसिकता को प्रोत्साहित करना उनके विकास और जीवन के विभिन्न पहलुओं में सफलता के लिए अत्यंत आवश्यक है। मनोवैज्ञानिक कैरोल ड्वेक के अनुसार, विकासशील मानसिकता यह विश्वास है कि प्रयास, दृढ़ता, और सीखने के माध्यम से क्षमताओं और बुद्धिमत्ता को विकसित किया जा सकता है। इसके विपरीत, स्थिर मानसिकता यह विश्वास है कि क्षमताएँ और बुद्धिमत्ता स्थिर और अपरिवर्तनीय गुण हैं। बच्चों में विकासशील मानसिकता को प्रोत्साहित करने में यह समझाने में मदद करना शामिल है कि उनकी क्षमताएँ समय और प्रयास के साथ बढ़ सकती हैं, जो उनके प्रेरणा, सहनशीलता, और चुनौतियों के प्रति समग्र दृष्टिकोण को गहराई से प्रभावित कर सकती है।

विकासशील मानसिकता को प्रोत्साहित करने का पहला कदम बच्चों को इस अवधारणा के बारे में सिखाना है। उन्हें स्थिर मानसिकता और विकासशील मानसिकता के बीच अंतर समझाने में मदद करना उन्हें अपने सीमित विश्वासों को पहचानने और चुनौती देने के लिए सशक्त बना सकता है। यह आयु-उपयुक्त चर्चाओं, पुस्तकों, और कहानियों के माध्यम से किया जा सकता है, जो विकास के सिद्धांतों और दृढ़ता की शक्ति को दर्शाते हैं। उदाहरण के लिए, उन प्रसिद्ध व्यक्तियों की कहानियाँ साझा करना, जिन्होंने कड़ी मेहनत और दृढ़ संकल्प के माध्यम से महत्वपूर्ण बाधाओं को पार किया, बच्चों को विकासशील मानसिकता अपनाने के लिए प्रेरित कर सकता है।

भाषा बच्चों की क्षमताओं के बारे में उनके विश्वासों को आकार देने में महत्वपूर्ण भूमिका निभाती है। विकास-उन्मुख भाषा और प्रशंसा का उपयोग बच्चों को चुनौतियों को अपनाने और प्रयास को सुधार के रास्ते के रूप में देखने के लिए प्रोत्साहित कर सकता है। बच्चों की केवल उनके जन्मजात प्रतिभा या बुद्धिमत्ता के लिए प्रशंसा करने के बजाय, उनके प्रयास, रणनीतियों, और दृढ़ता के लिए प्रशंसा करना अधिक प्रभावी है। उदाहरण के लिए, यह कहना, "आपने इस प्रोजेक्ट पर वास्तव में कड़ी मेहनत की और यह दिख रहा है!" या "मुझे गर्व है कि आपने समस्या को हल करने के लिए अलग-अलग तरीकों को आज़माया," परिणाम के बजाय प्रक्रिया पर ध्यान केंद्रित करता है। इस प्रकार की प्रशंसा इस विचार को सुदृढ़ करती है कि प्रयास और दृढ़ता विकास और सफलता की ओर ले जाते हैं।

विकासशील मानसिकता को प्रोत्साहित करने का एक और महत्वपूर्ण तरीका इसे अपने दृष्टिकोण और व्यवहार के माध्यम से प्रदर्शित करना है। माता-पिता, देखभालकर्ता, और शिक्षक अपनी मानसिकता को साझा करके बच्चों को प्रेरित कर सकते हैं। अपनी व्यक्तिगत चुनौतियों को पार करने, गलतियों से सीखने, और कठिनाइयों के माध्यम से दृढ़ रहने के अनुभव साझा करना बच्चों के लिए शक्तिशाली उदाहरण प्रदान कर सकते हैं। अपनी सीखने की प्रक्रियाओं और प्रयास के मूल्य के बारे में खुलकर चर्चा करके, वयस्क यह दिखा सकते हैं कि विकास और सुधार हर किसी के लिए संभव है। इसके अलावा, वयस्क गलतियों और विफलताओं के प्रति सकारात्मक दृष्टिकोण का उदाहरण प्रस्तुत कर सकते हैं, यह जोर देते हुए कि वे सीखने की प्रक्रिया और विकास के अवसरों का स्वाभाविक हिस्सा हैं।

एक ऐसा वातावरण बनाना जो विकासशील मानसिकता का समर्थन करता हो, इसमें बच्चों को चुनौतियों का सामना करने और अपने अनुभवों से सीखने के अवसर प्रदान करना शामिल है। बच्चों को लक्ष्य निर्धारित करने, जोखिम लेने, और नई चीज़ें आज़माने के लिए प्रोत्साहित करना उन्हें अपनी क्षमता में आत्मनिर्भरता और विश्वास विकसित करने में मदद कर सकता है। यह महत्वपूर्ण है कि एक सुरक्षित और सहायक माहौल बनाया जाए जहाँ बच्चे जोखिम लेने और गलतियाँ करने में सहज महसूस करें, बिना किसी निर्णय के डर के। इसमें स्पष्ट अपेक्षाएँ निर्धारित करना, रचनात्मक प्रतिक्रिया प्रदान करना, और बच्चों

को चुनौतियों का सामना करने के दौरान मार्गदर्शन और समर्थन देना शामिल हो सकता है।

बच्चों को सीखने और समस्या-समाधान के लिए विशिष्ट रणनीतियाँ सिखाना भी विकासशील मानसिकता को बढ़ावा दे सकता है। उदाहरण के लिए, उन्हें जटिल कार्यों को छोटे, प्रबंधनीय चरणों में विभाजित करना सिखाना चुनौतियों को कम कठिन महसूस करा सकता है। बच्चों को आत्म-चर्चा और सकारात्मक पुष्टि का उपयोग करने के लिए प्रोत्साहित करना उन्हें प्रेरित और अपने लक्ष्यों पर केंद्रित रहने में मदद कर सकता है। इसके अलावा, बच्चों को संसाधनों का उपयोग करना सिखाना, जैसे कि किताबें, ऑनलाइन ट्यूटोरियल, या दूसरों से मदद लेना, उन्हें अपनी शिक्षा और विकास का प्रभार लेने के लिए सशक्त बना सकता है।

बच्चों को उनके सीखने के अनुभवों और प्रगति पर विचार करने के लिए प्रोत्साहित करना विकासशील मानसिकता को प्रोत्साहित करने का एक और प्रभावी तरीका है। नियमित रूप से विचार करना बच्चों को उनके विकास को पहचानने, उनके लिए काम करने वाली रणनीतियों को समझने, और आगे सुधार के लिए क्षेत्रों की पहचान करने में मदद करता है। यह गतिविधियों के माध्यम से किया जा सकता है, जैसे कि जर्नलिंग, चर्चाएँ, या उनकी शिक्षा यात्रा के दृश्य प्रतिनिधित्व बनाना, जैसे प्रगति चार्ट या लक्ष्य-निर्धारण बोर्ड। यह विचार प्रक्रिया बच्चों को उनके सीखने के तरीकों की गहरी समझ विकसित करने में मदद करती है और इस विचार को सुदृढ़ करती है कि विकास एक सतत यात्रा है।

सामूहिकता, परिवार, स्कूल, या समुदाय के भीतर विकास और सीखने की संस्कृति बनाना भी विकासशील मानसिकता को प्रोत्साहित करने में मदद करता है। इसे प्रयास और प्रगति का उत्सव मनाकर, सफलता की कहानियों को साझा करके, और सीखने और समस्या-समाधान के लिए एक सहयोगात्मक दृष्टिकोण को प्रोत्साहित करके हासिल किया जा सकता है। एक विकास-उन्मुख संस्कृति में, व्यक्ति एक-दूसरे का समर्थन करते हैं और सुधार और चुनौतियों को अपनाने के लिए प्रेरित करते हैं। इस प्रकार का वातावरण एक ऐसा समुदाय बनाता है जहाँ हर कोई सीखने और विकास के लिए प्रतिबद्ध होता है।

विकासशील मानसिकता को प्रोत्साहित करने में एक चुनौती मौजूदा स्थिर

मानसिकता विश्वासों को संबोधित करना और उन्हें बदलना है। बच्चों ने विभिन्न स्रोतों, जैसे पिछले अनुभवों, सामाजिक अपेक्षाओं, या सांस्कृतिक प्रभावों से स्थिर मानसिकता संदेश ग्रहण किए हो सकते हैं। इन विश्वासों को पहचानना और चुनौती देना, विकास और परिवर्तन के प्रमाण प्रदान करके, महत्वपूर्ण है। उदाहरण के लिए, व्यक्तिगत विकास के उदाहरण साझा करना, समय के साथ हुए सुधारों को उजागर करना, और मस्तिष्क की परिवर्तनशीलता पर चर्चा करना बच्चों को यह समझने में मदद कर सकता है कि उनकी क्षमताएँ स्थिर नहीं हैं और उन्हें प्रयास और अभ्यास के माध्यम से विकसित किया जा सकता है।

सीखने के प्रति प्रेम को प्रोत्साहित करना विकासशील मानसिकता को बढ़ावा देने का केंद्रीय तत्व है। जब बच्चे जिज्ञासा और सीखने की इच्छा से प्रेरित होते हैं, तो वे चुनौतियों को अपनाने और कठिनाइयों का सामना करने में अधिक संभावना रखते हैं। खोज, खोजबीन, और व्यावहारिक सीखने के अवसर प्रदान करना बच्चों के सीखने के जुनून को प्रज्वलित कर सकता है। इसमें उनके रुचियों के अनुरूप गतिविधियों में संलग्न होना शामिल हो सकता है, जैसे कि विज्ञान प्रयोग, रचनात्मक परियोजनाएँ, या बाहरी रोमांच। सीखने के प्रति प्रेम को बढ़ावा देकर, बच्चे आंतरिक प्रेरणा और विकास और आत्म-सुधार के प्रति आजीवन प्रतिबद्धता विकसित करते हैं।

सहयोग और साथी समर्थन विकासशील मानसिकता को प्रोत्साहित करने में महत्वपूर्ण भूमिका निभाते हैं। परियोजनाओं, समस्या-समाधान कार्यों, या समूह गतिविधियों पर दूसरों के साथ काम करना बच्चों को एक-दूसरे से सीखने, विभिन्न दृष्टिकोण साझा करने, और समुदाय की भावना विकसित करने की अनुमति देता है। सहयोगात्मक सीखने के अनुभवों को प्रोत्साहित करना, जैसे समूह चर्चाएँ, टीम खेल, या सहकारी खेल, बच्चों को सामूहिक प्रयास और पारस्परिक समर्थन के मूल्य को समझने में मदद कर सकता है। साथी प्रतिक्रिया और प्रोत्साहन भी विकासशील मानसिकता सिद्धांतों को सुदृढ़ कर सकते हैं और बच्चों को सुधार के लिए प्रेरित कर सकते हैं।

विकासशील मानसिकता को प्रोत्साहित करने का एक और महत्वपूर्ण पहलू बच्चों को सहनशीलता और मुकाबला करने के कौशल विकसित करने में मदद करना है। सहनशीलता का अर्थ है असफलताओं से उबरने और चुनौतियों का सामना करने

की क्षमता। बच्चों को मुकाबला करने की रणनीतियाँ सिखाना, जैसे गहरी साँस लेना, सकारात्मक आत्म-चर्चा, और समस्या-समाधान तकनीकें, उन्हें तनाव को प्रबंधित करने और अपने लक्ष्यों पर केंद्रित रहने में मदद कर सकता है। बच्चों को असफलताओं को अस्थायी और सीखने के अवसरों के रूप में देखने के लिए प्रोत्साहित करना उनकी सहनशीलता और दृढ़ संकल्प का निर्माण कर सकता है। सहनशीलता को विकसित करके, बच्चे चुनौतियों और असफलताओं को सकारात्मक और विकास-उन्मुख मानसिकता के साथ संभालने के लिए बेहतर तरीके से तैयार होते हैं।

दैनिक दिनचर्या में माइंडफुलनेस प्रथाओं को शामिल करना विकासशील मानसिकता के विकास में भी सहायक हो सकता है। माइंडफुलनेस का अर्थ है वर्तमान क्षण में उपस्थित होना और बिना किसी निर्णय के अपनी विचारों, भावनाओं, और अनुभवों पर ध्यान देना। माइंडफुलनेस प्रथाएँ, जैसे ध्यान, गहरी साँस लेने के व्यायाम, या सचेत रूप से गति करना, बच्चों को आत्म-जागरूकता और भावनात्मक नियंत्रण विकसित करने में मदद कर सकती हैं। ये प्रथाएँ बच्चों को शांत और ध्यान केंद्रित रहने की भावना को भी बढ़ावा दे सकती हैं, जिससे उन्हें चुनौतियों का स्पष्ट और खुले दिमाग से सामना करने में आसानी होती है। माइंडफुलनेस को अपनी दैनिक जीवन में शामिल करके, बच्चे मानसिक और भावनात्मक कौशल विकसित कर सकते हैं जो विकासशील मानसिकता को पोषित करने के लिए आवश्यक हैं।

प्रशंसा और प्रतिक्रिया का बच्चों की मानसिकता पर प्रभाव को पहचानना और संबोधित करना महत्वपूर्ण है। जबकि प्रशंसा प्रेरणादायक हो सकती है, यह सुनिश्चित करना आवश्यक है कि यह प्रयास और प्रक्रिया पर केंद्रित हो, न कि स्थिर गुणों पर। उदाहरण के लिए, एक बच्चे के कड़ी मेहनत, दृढ़ता, और रणनीतियों की प्रशंसा करना विकासशील मानसिकता को प्रोत्साहित करता है, जबकि केवल उनकी बुद्धिमत्ता या प्रतिभा के लिए उनकी प्रशंसा करना स्थिर मानसिकता को सुदृढ़ कर सकता है। सुधार के लिए क्षेत्रों को उजागर करने और विकास प्राप्त करने के तरीकों पर मार्गदर्शन प्रदान करने वाली विशिष्ट और रचनात्मक प्रतिक्रिया प्रदान करना बच्चों को उनकी शिक्षा पर नियंत्रण और एजेंसी की भावना विकसित करने में मदद कर सकता है।

माता-पिता, देखभालकर्ता, और शिक्षक भी आजीवन सीखने और निरंतर सुधार को प्रदर्शित करके विकासशील मानसिकता के विकास का समर्थन कर सकते हैं। नई कौशल सीखने, व्यक्तिगत लक्ष्यों को आगे बढ़ाने, और चुनौतियों को अपनाने की प्रतिबद्धता का प्रदर्शन बच्चों को समान दृष्टिकोण अपनाने के लिए प्रेरित कर सकता है। सीखने, विकास, और बाधाओं को पार करने के अनुभवों को साझा करना बच्चों के लिए मूल्यवान पाठ और प्रेरणा प्रदान कर सकता है। विकासशील मानसिकता का प्रतीक बनाकर, वयस्क एक सकारात्मक और सहायक वातावरण बना सकते हैं जो बच्चों को उत्कृष्टता प्राप्त करने और अपनी क्षमता में विश्वास करने के लिए प्रेरित करता है।

बच्चों में विकासशील मानसिकता को प्रोत्साहित करना उनके विकास और जीवन के विभिन्न पहलुओं में सफलता के लिए आवश्यक है। बच्चों को विकासशील मानसिकता के सिद्धांतों के बारे में सिखाने, विकास-उन्मुख भाषा का उपयोग करने, सकारात्मक दृष्टिकोण प्रदर्शित करने, सहायक वातावरण बनाने, और अन्वेषण और सीखने के लिए अवसर प्रदान करने के माध्यम से, माता-पिता, देखभालकर्ता, और शिक्षक बच्चों को चुनौतियों का सामना करने और कठिनाइयों को सहन करने की क्षमता विकसित करने में मदद कर सकते हैं। आत्म-चिंतन, सहयोग, सहनशीलता, माइंडफुलनेस, और सीखने के प्रति प्रेम को प्रोत्साहित करना विकासशील मानसिकता के विकास का और समर्थन करता है। इन प्रयासों के माध्यम से, बच्चे आत्मविश्वास, प्रेरणा, और दृढ़ संकल्प विकसित कर सकते हैं और अपनी पूर्ण क्षमता को प्राप्त कर सकते हैं।

"कला और शिल्प गतिविधियाँ रचनात्मक अन्वेषण के लिए अनंत अवसर प्रदान करती हैं। वे बच्चों को विभिन्न सामग्रियों और तकनीकों के साथ प्रयोग करने के लिए प्रोत्साहित करती हैं। ये गतिविधियाँ समस्या-समाधान और आलोचनात्मक सोच को भी बढ़ावा देती हैं।"

10

प्रौद्योगिकी और डिजिटल सृजनात्मकता

प्रौद्योगिकी और डिजिटल सृजनात्मकता आधुनिक बचपन के विकास का एक अभिन्न हिस्सा हैं, जो केवल मनोरंजन से परे कई लाभ प्रदान करती हैं। डिजिटल दुनिया बच्चों को उपकरणों और मंचों की एक विस्तृत श्रृंखला प्रदान करती है, जो उनकी सृजनात्मकता को बढ़ावा देने, संज्ञानात्मक विकास को प्रोत्साहित करने और तकनीकी साक्षरता के महत्व वाले भविष्य के लिए उन्हें तैयार करने में मदद करती है। प्रौद्योगिकी और डिजिटल सृजनात्मकता को अपनाने का अर्थ है स्क्रीन टाइम और अन्य गतिविधियों के बीच संतुलन बनाए रखना, यह सुनिश्चित करना कि बच्चे प्रौद्योगिकी का उपयोग समृद्ध और शैक्षिक तरीकों से करें।

डिजिटल सृजनात्मकता को बढ़ावा देने में प्रौद्योगिकी का सबसे महत्वपूर्ण लाभ वह पहुंच है, जो यह विभिन्न प्रकार के सृजनात्मक उपकरणों तक प्रदान करती है। ड्राइंग, पेंटिंग, संगीत रचना, वीडियो संपादन, और एनीमेशन के लिए सॉफ़्टवेयर बच्चों को अपने विचारों को विविध और गतिशील तरीकों से व्यक्त करने की क्षमता देता है। ये उपकरण अक्सर ऐसी सुविधाएँ प्रदान करते हैं, जो पारंपरिक तरीकों में संभव नहीं हैं, जैसे असीमित 'अन्डू' फ़ंक्शन, विस्तृत रंग पैलेट और उन्नत संपादन क्षमताएँ। उदाहरण के लिए, डिजिटल ड्राइंग टैबलेट बच्चों को भौतिक सामग्रियों की बाधाओं के बिना विभिन्न शैलियों और तकनीकों के साथ प्रयोग करने की अनुमति देते हैं। यह लचीलापन प्रयोग और नवाचार को प्रोत्साहित करता है, जो सृजनात्मक प्रक्रिया के आवश्यक घटक हैं।

डिजिटल सृजनात्मकता प्रोग्रामिंग और कोडिंग तक भी फैली हुई है, जो आधुनिक दुनिया में तेजी से महत्वपूर्ण कौशल बन रहे हैं। कोड करना सीखना तार्किक सोच, समस्या-समाधान, और सृजनात्मकता को प्रोत्साहित करता है। स्क्रैच, टिंकर, और कोड.ऑर्ग जैसे प्लेटफ़ॉर्म बच्चों के अनुकूल इंटरफ़ेस प्रदान करते हैं, जहाँ बच्चे अपने स्वयं के खेल, कहानियाँ, और एनिमेशन कोडिंग के माध्यम से बना सकते हैं। ये प्लेटफ़ॉर्म कोडिंग को मज़ेदार और सुलभ बनाते हैं, अमूर्त अवधारणाओं को मूर्त परियोजनाओं में बदलते हैं। कोडिंग गतिविधियों में संलग्न होकर, बच्चे यह समझ विकसित करते हैं कि प्रौद्योगिकी कैसे काम करती है और इसका उपयोग केवल उपभोग के बजाय निर्माण के लिए करते हैं।

इसके अलावा, प्रौद्योगिकी सहयोगात्मक सृजनात्मकता को सुविधाजनक बनाती है, जिससे बच्चे भौगोलिक सीमाओं की परवाह किए बिना परियोजनाओं पर एक साथ काम कर सकते हैं। गूगल डॉक्स, सहयोगात्मक व्हाइटबोर्ड, और प्रोजेक्ट प्रबंधन सॉफ़्टवेयर जैसे ऑनलाइन उपकरण बच्चों को विचार साझा करने, प्रतिक्रिया प्रदान करने और वास्तविक समय में सह-निर्माण करने में सक्षम बनाते हैं। यह सहयोग आधुनिक कार्यस्थल की बढ़ती परस्पर जुड़ी प्रकृति को दर्शाता है और बच्चों को टीमवर्क, संचार, और प्रोजेक्ट प्रबंधन में मूल्यवान कौशल सिखाता है। उदाहरण के लिए, बच्चे एक डिजिटल पत्रिका का उत्पादन करने, एक सहयोगात्मक कला का टुकड़ा बनाने, या एक संयुक्त कोडिंग परियोजना विकसित करने के लिए एक साथ काम कर सकते हैं, एक-दूसरे की ताकत और दृष्टिकोण का लाभ उठाना सीखते हैं।

इंटरनेट संसाधनों और प्रेरणा के एक विशाल भंडार तक पहुँच प्रदान करता है। यूट्यूब, खान अकादमी, और कोर्सेरा जैसी वेबसाइटें लगभग किसी भी कल्पनीय विषय पर ट्यूटोरियल और पाठ्यक्रम प्रदान करती हैं। बच्चे नए कौशल सीख सकते हैं, विभिन्न कला रूपों का अन्वेषण कर सकते हैं, और दूसरों के काम से प्रेरणा ले सकते हैं। इस वैश्विक ज्ञान आधार तक पहुँच बच्चों को अपनी रुचियों का गहराई और व्यापकता से पीछा करने की अनुमति देती है, जो अक्सर पारंपरिक शैक्षिक संसाधनों से परे होती है। उदाहरण के लिए, एनीमेशन में रुचि रखने वाला एक बच्चा पेशेवर एनिमेटरों से चरण-दर-चरण ट्यूटोरियल पा सकता है, ऑनलाइन समुदायों में भाग ले सकता है, और अपने काम को वैश्विक दर्शकों के

साथ साझा कर सकता है।

हालाँकि, प्रौद्योगिकी और डिजिटल सृजनात्मकता के लाभ पर्याप्त हैं, यह सुनिश्चित करना आवश्यक है कि बच्चे प्रौद्योगिकी का स्वस्थ और उत्पादक तरीकों से उपयोग करें। अत्यधिक स्क्रीन टाइम से आँखों में खिंचाव, खराब मुद्रा जैसी शारीरिक समस्याएँ हो सकती हैं और सामाजिक कौशल और शारीरिक गतिविधि पर नकारात्मक प्रभाव पड़ सकता है। माता-पिता और देखभालकर्ता सीमाएँ निर्धारित करने और प्रौद्योगिकी के उपयोग के लिए एक संतुलित दृष्टिकोण को प्रोत्साहित करने में महत्वपूर्ण भूमिका निभाते हैं। इसमें समय सीमा निर्धारित करना, ब्रेक लेने के लिए प्रोत्साहित करना, और डिजिटल और ऑफ़लाइन गतिविधियों का मिश्रण बढ़ावा देना शामिल है। यह समझ विकसित करना भी महत्वपूर्ण है कि प्रौद्योगिकी का जिम्मेदारी से कब और कैसे उपयोग किया जाए।

डिजिटल सृजनात्मकता के लिए सहायक वातावरण बनाना उपयुक्त उपकरण और संसाधनों तक पहुँच प्रदान करना शामिल है। यह सुनिश्चित करना कि बच्चों को विश्वसनीय उपकरण, इंटरनेट कनेक्टिविटी, और आयु-उपयुक्त सॉफ़्टवेयर और अनुप्रयोग उपलब्ध हैं, महत्वपूर्ण है। इसके अतिरिक्त, बच्चों को केवल मनोरंजक के बजाय शैक्षिक और सृजनात्मक ऐप्स चुनने के लिए मार्गदर्शन देना उनके स्क्रीन टाइम को अधिक उत्पादक बना सकता है। माता-पिता और देखभालकर्ता इन उपकरणों का अपने बच्चों के साथ अन्वेषण कर सकते हैं, उनकी कार्यक्षमताओं और संभावनाओं के बारे में सीख सकते हैं, और डिजिटल सृजनात्मकता को सीखने के लक्ष्यों के साथ एकीकृत करने वाले प्रोजेक्ट स्थापित कर सकते हैं।

डिजिटल कहानी कहने में बच्चों को भाग लेने के लिए प्रोत्साहित करना तकनीक का उपयोग सृजनात्मक अभिव्यक्ति के लिए करने का एक और प्रभावशाली तरीका है। डिजिटल कहानी कहने में टेक्स्ट, चित्र, ऑडियो, और वीडियो जैसे मल्टीमीडिया तत्वों का उपयोग करके कहानियाँ बताना शामिल है। स्टोरीबर्ड, एडोबी स्पार्क, और वीवीडियो जैसे प्लेटफ़ॉर्म बच्चों को अपनी कहानियाँ डिजिटल रूप से बनाने और साझा करने के उपकरण प्रदान करते हैं। इस प्रकार की कहानी

कहने से बच्चे अपनी रचनात्मक लेखन क्षमताओं को तकनीकी कौशल के साथ संयोजित करते हैं, जिससे जटिल विचारों और कथाओं को प्रभावी ढंग से व्यक्त करने की उनकी क्षमता में सुधार होता है। डिजिटल कहानियाँ बनाकर, बच्चे यह सीखते हैं कि विभिन्न मीडिया के माध्यम से अपने संदेशों को प्रभावी ढंग से कैसे प्रस्तुत किया जाए।

वर्चुअल रियलिटी (वीआर) और ऑगमेंटेड रियलिटी (एआर) जैसी उभरती प्रौद्योगिकियाँ डिजिटल सृजनात्मकता के लिए नए आयाम प्रदान करती हैं। ये प्रौद्योगिकियाँ बच्चों को त्रि-आयामी वातावरण और अनुभव बनाने और उनके साथ इंटरैक्ट करने की अनुमति देती हैं। उदाहरण के लिए, वीआर का उपयोग आभासी दुनिया बनाने के लिए किया जा सकता है, जहाँ बच्चे वस्तुओं का अन्वेषण और उनमें हेरफेर कर सकते हैं, जबकि एआर वास्तविक दुनिया पर डिजिटल जानकारी को ओवरले करके इंटरैक्टिव सीखने के अनुभव बनाता है। टिल्ट ब्रश और कोस्पेसेस एडु जैसे अनुप्रयोग बच्चों को वीआर कला और एआर अनुभव बनाने में सक्षम बनाते हैं, जो भौतिक और डिजिटल दुनियाओं को अभिनव तरीकों से जोड़ते हैं। ये गहन प्रौद्योगिकियाँ कल्पना को उत्तेजित करती हैं और सृजनात्मक अन्वेषण और सीखने के लिए अद्वितीय अवसर प्रदान करती हैं।

शिक्षा में डिजिटल सृजनात्मकता को शामिल करना पारंपरिक शिक्षण विधियों को बढ़ा सकता है। इंटरैक्टिव डिजिटल उपकरण गणित, विज्ञान, और इतिहास जैसे विषयों को अधिक आकर्षक और सुलभ बना सकते हैं। उदाहरण के लिए, शैक्षिक सॉफ़्टवेयर और ऐप्स जटिल गणितीय अवधारणाओं को इंटरैक्टिव खेलों में बदल सकते हैं, जिससे सीखना मज़ेदार और सहज बन जाता है। वैज्ञानिक सिमुलेशन बच्चों को वर्चुअल प्रयोग करने की अनुमति दे सकते हैं, जो पारंपरिक कक्षा में करना कठिन या असंभव होगा। ऐतिहासिक घटनाओं को इंटरैक्टिव टाइमलाइन और डिजिटल पुनर्निर्माणों के माध्यम से जीवंत बनाया जा सकता है, जिससे इतिहास अधिक सजीव और संबंधित बनता है। पाठ्यक्रम में डिजिटल सृजनात्मकता को शामिल करके, शिक्षक एक अधिक आकर्षक और प्रभावी सीखने का अनुभव प्रदान कर सकते हैं।

बच्चों को डिजिटल नागरिकता और प्रौद्योगिकी के नैतिक उपयोग के बारे में

सिखाना भी महत्वपूर्ण है। जब बच्चे डिजिटल सामग्री बनाते और साझा करते हैं, तो उन्हें बौद्धिक संपदा का सम्मान करने, गोपनीयता बनाए रखने, और जिम्मेदार डिजिटल नागरिक बनने के महत्व को समझने की आवश्यकता होती है। साइबरबुलिंग, ऑनलाइन सुरक्षा, और उनकी डिजिटल गतिविधियों के नैतिक प्रभावों के बारे में बच्चों को शिक्षित करना उन्हें डिजिटल दुनिया में जिम्मेदारी से नेविगेट करने में मदद करता है। इन विषयों पर चर्चा को प्रोत्साहित करना और ऑनलाइन व्यवहार के लिए स्पष्ट दिशानिर्देश स्थापित करना बच्चों को एक मजबूत डिजिटल नैतिकता विकसित करने में मदद कर सकता है।

माता-पिता और देखभालकर्ता डिजिटल परियोजनाओं और गतिविधियों में अपने बच्चों के साथ भाग लेकर डिजिटल सृजनात्मकता का और अधिक समर्थन कर सकते हैं। डिजिटल सामग्री जैसे पारिवारिक वीडियो बनाना, डिजिटल स्क्रैपबुक डिज़ाइन करना, या एक साथ एक वेबसाइट बनाना एक ऐसा बंधन अनुभव हो सकता है जो बच्चों के तकनीकी कौशल को भी बढ़ाता है। इन गतिविधियों में शामिल होना माता-पिता को बच्चों को सृजनात्मक और जिम्मेदार तरीके से प्रौद्योगिकी का उपयोग करने के लिए मार्गदर्शन करने की अनुमति देता है। यह उस सामग्री पर चर्चा करने का अवसर भी प्रदान करता है जो वे बनाते और उपभोग करते हैं, मीडिया और प्रौद्योगिकी के बारे में आलोचनात्मक सोच को बढ़ावा देता है।

बच्चों की डिजिटल रचनाओं को पहचानना और उनका उत्सव मनाना निरंतर अन्वेषण और सृजनात्मकता को प्रोत्साहित करने के लिए महत्वपूर्ण है। उनके काम को परिवार, दोस्तों, और ऑनलाइन समुदायों के साथ साझा करना उनके आत्मविश्वास और प्रेरणा को बढ़ा सकता है। यूट्यूब, सोशल मीडिया, और डिजिटल पोर्टफोलियो जैसे प्लेटफ़ॉर्म बच्चों को अपनी परियोजनाएँ प्रदर्शित करने और प्रतिक्रिया प्राप्त करने के अवसर प्रदान करते हैं। माता-पिता, शिक्षकों, और साथियों से सकारात्मक सुदृढीकरण और रचनात्मक प्रतिक्रिया बच्चों को अपने कौशल को परिष्कृत करने और अपनी उपलब्धियों पर गर्व की भावना विकसित करने में मदद कर सकती है।

अंत में, यह महत्वपूर्ण है कि नवीनतम तकनीकी प्रवृत्तियों और उपकरणों के बारे में जानकारी रखें, जो डिजिटल सृजनात्मकता का समर्थन कर सकते हैं। तकनीकी

प्रगति की तेज़ गति का मतलब है कि नए उपकरण और प्लेटफ़ॉर्म लगातार उभर रहे हैं, जो सृजनात्मक अभिव्यक्ति के लिए नई संभावनाएँ प्रदान करते हैं। माता-पिता, शिक्षक, और देखभालकर्ता इन विकासों से परिचित रहकर और यह अन्वेषण करके लाभान्वित हो सकते हैं कि उन्हें बच्चों की गतिविधियों और सीखने के अनुभवों में कैसे एकीकृत किया जा सकता है। कार्यशालाओं में भाग लेना, ऑनलाइन पाठ्यक्रमों में भाग लेना, और पेशेवर समुदायों में शामिल होना डिजिटल सृजनात्मकता को बढ़ावा देने के लिए मूल्यवान अंतर्दृष्टि और संसाधन प्रदान कर सकता है।

प्रौद्योगिकी और डिजिटल सृजनात्मकता समकालीन बचपन के विकास में महत्वपूर्ण भूमिका निभाती हैं, जो संज्ञानात्मक, भावनात्मक, सामाजिक, और तकनीकी डोमेन में कई लाभ प्रदान करती हैं। सृजनात्मक उपकरणों तक पहुँच प्रदान करके, सहयोगात्मक परियोजनाओं को प्रोत्साहित करके, शिक्षा में डिजिटल सृजनात्मकता को एकीकृत करके, और प्रौद्योगिकी के जिम्मेदार उपयोग को बढ़ावा देकर, माता-पिता, देखभालकर्ता, और शिक्षक बच्चों को डिजिटल दुनिया की पूरी क्षमता का उपयोग करने में मदद कर सकते हैं। स्क्रीन टाइम को अन्य गतिविधियों के साथ संतुलित करना, तकनीकी प्रगति के बारे में जानकारी रखना, और बच्चों की डिजिटल रचनाओं का उत्सव मनाना उनके विकास और प्रगति का और समर्थन करता है। डिजिटल सृजनात्मकता के गतिशील और समृद्ध अनुभवों के माध्यम से, बच्चे आवश्यक कौशल विकसित कर सकते हैं, अपनी रुचियों का अन्वेषण कर सकते हैं, और एक ऐसे भविष्य के लिए तैयार हो सकते हैं जहाँ तकनीकी साक्षरता का महत्व दिन-प्रतिदिन बढ़ रहा है।

"कल्पनाशील खेल और भूमिका निभाना सामाजिक और भावनात्मक विकास के लिए मौलिक हैं। वे बच्चों को विभिन्न दृष्टिकोणों का अन्वेषण करने और सहानुभूति बनाने की अनुमति देते हैं। ये गतिविधियाँ संचार कौशल को भी बढ़ाती हैं।"

৩

11

सहयोग और टीमवर्क

सहयोग और टीमवर्क आधुनिक दुनिया की जटिलताओं को नेविगेट करने के लिए बच्चों को विकसित करने वाले मौलिक कौशल हैं। ये कौशल न केवल शैक्षणिक सफलता के लिए बल्कि व्यक्तिगत और पेशेवर विकास के लिए भी महत्वपूर्ण हैं। दूसरों के साथ प्रभावी ढंग से काम करना सीखने से बच्चों को विचार साझा करने, समस्याओं को हल करने और सामान्य लक्ष्यों को प्राप्त करने में मदद मिलती है। यह सहानुभूति, संचार, और सामाजिक बातचीत को भी प्रोत्साहित करता है, जो मजबूत संबंध बनाने और विविध वातावरण में फलने-फूलने के लिए महत्वपूर्ण हैं।

सहयोग और टीमवर्क का सबसे महत्वपूर्ण लाभ संचार कौशल को बढ़ाना है। जब बच्चे किसी परियोजना पर एक साथ काम करते हैं, तो उन्हें अपने विचार स्पष्ट रूप से व्यक्त करने, दूसरों को सुनने और सार्थक संवाद में शामिल होने की आवश्यकता होती है। इस विचार-विनिमय से बच्चों को मौखिक और गैर-मौखिक संचार कौशल विकसित करने में मदद मिलती है। वे अपने विचारों को व्यक्त करना, सवाल पूछना, और रचनात्मक प्रतिक्रिया देना सीखते हैं। ये इंटरैक्शन बच्चों को सक्रिय सुनने के महत्व को भी सिखाते हैं, क्योंकि उन्हें अपने साथियों के दृष्टिकोण को समझने और विचार करने की आवश्यकता होती है। सफल टीमवर्क का आधार प्रभावी संचार है, और इन कौशलों को प्रारंभिक अवस्था में विकसित करना भविष्य के सहयोग के लिए आधार तैयार करता है।

सहयोग और टीमवर्क समस्या-समाधान और आलोचनात्मक सोच को भी बढ़ावा

देते हैं। जब बच्चे एक साथ काम करते हैं, तो वे अक्सर ऐसे चुनौतियों का सामना करते हैं, जिनके लिए सामूहिक विचार-मंथन और निर्णय लेने की आवश्यकता होती है। यह प्रक्रिया उन्हें रचनात्मक और आलोचनात्मक रूप से सोचने के लिए प्रोत्साहित करती है, क्योंकि उन्हें विभिन्न समाधानों का मूल्यांकन करना और कार्यवाही के सर्वोत्तम तरीके का चयन करना होता है। टीमों में काम करने से बच्चों को विविध दृष्टिकोण और विशेषज्ञता का लाभ उठाने का अवसर मिलता है, जिससे अधिक नवीन और प्रभावी समस्या-समाधान होता है। उदाहरण के लिए, विज्ञान परियोजना पर काम करने वाले छात्रों का एक समूह अपनी अद्वितीय ताकत और ज्ञान को साझा कर सकता है, जिससे एक व्यापक और अधिक संतुलित समाधान प्राप्त होता है, जो कोई भी व्यक्ति अकेले हासिल नहीं कर सकता। ये सहयोगात्मक अनुभव बच्चों को उन संज्ञानात्मक लचीलापन और सहनशीलता को विकसित करने में मदद करते हैं, जो जटिल समस्याओं को हल करने के लिए आवश्यक हैं।

भावनात्मक विकास सहयोग और टीमवर्क का एक और महत्वपूर्ण पहलू है। दूसरों के साथ काम करना बच्चों के लिए सहानुभूति और भावनात्मक बुद्धिमत्ता विकसित करने का एक शक्तिशाली तरीका हो सकता है। सहयोगात्मक सेटिंग्स में साथियों के साथ बातचीत करके, बच्चे दूसरों की भावनाओं और आवश्यकताओं को पहचानना और उन पर प्रतिक्रिया करना सीखते हैं। वे समूह बातचीत की गतिशीलता के प्रति अधिक संवेदनशील हो जाते हैं और यह बेहतर समझते हैं कि उनके कार्य और शब्द उनके साथियों को कैसे प्रभावित करते हैं। यह भावनात्मक जागरूकता करुणा और सम्मान की भावना को बढ़ावा देती है, जो मजबूत और सहायक संबंध बनाने के लिए आवश्यक है। इसके अलावा, सहयोग और टीमवर्क बच्चों को अपनी भावनाओं और व्यवहार को प्रबंधित करने के अवसर प्रदान करते हैं, क्योंकि उन्हें दूसरों के साथ प्रभावी ढंग से काम करने के लिए आत्म-नियमन कौशल का उपयोग करना होता है।

सामाजिक रूप से, सहयोग और टीमवर्क बच्चों को महत्वपूर्ण अंतर-व्यक्तिगत कौशल सिखाते हैं। समूह गतिविधियों में भाग लेना बच्चों को सामाजिक गतिशीलता को नेविगेट करने की आवश्यकता होती है, जैसे कि भूमिकाओं पर बातचीत करना, संघर्षों को हल करना, और सहमति बनाना। ये अनुभव बच्चों को सामाजिक क्षमता और अनुकूलनशीलता विकसित करने में मदद करते हैं, क्योंकि

वे विविध व्यक्तियों और व्यक्तित्वों के साथ काम करना सीखते हैं। सहयोगात्मक गतिविधियाँ एक समुदाय और संबंध की भावना भी प्रदान करती हैं, क्योंकि बच्चे सामान्य लक्ष्यों की ओर काम करते हैं और अपनी उपलब्धियों का मिलकर जश्न मनाते हैं। यह साझेदारी और साझा उद्देश्य की भावना बच्चों की आत्म-सम्मान और आत्मविश्वास को बढ़ा सकती है, क्योंकि वे अपने साथियों द्वारा मूल्यवान और समर्थित महसूस करते हैं।

माता-पिता और शिक्षकों के लिए, सहयोग और टीमवर्क को बढ़ावा देना बच्चों को सार्थक तरीकों से एक साथ काम करने के अवसर प्रदान करना शामिल है। इसे समूह परियोजनाओं, सहकारी खेलों, और सहयोगात्मक शिक्षण गतिविधियों को दैनिक दिनचर्या और पाठ्यक्रम में शामिल करके किया जा सकता है। शैक्षणिक परियोजनाओं, खेल टीमों, और रचनात्मक प्रयासों जैसे सहयोगात्मक अनुभवों की एक श्रृंखला प्रदान करना बच्चों को विभिन्न संदर्भों में अपने टीमवर्क कौशल विकसित करने और अपनी ताकत और रुचियों की खोज करने की अनुमति देता है।

सहयोग और टीमवर्क के लिए सहायक वातावरण बनाना स्पष्ट अपेक्षाएँ निर्धारित करना और मार्गदर्शन और प्रतिक्रिया प्रदान करना शामिल है। समूह बातचीत के लिए मानदंड और नियम स्थापित करना, जैसे बारी-बारी से बात करना, सक्रिय रूप से सुनना, और दूसरों की राय का सम्मान करना, महत्वपूर्ण है। संरचित गतिविधियों और ढाँचे, जैसे भूमिकाएँ और जिम्मेदारियाँ, प्रदान करना बच्चों को यह समझने में मदद कर सकता है कि प्रभावी ढंग से एक साथ कैसे काम करें। इसके अलावा, नियमित प्रतिक्रिया और प्रोत्साहन प्रदान करना बच्चों को उनके टीमवर्क अनुभवों पर विचार करने और सुधार के क्षेत्रों की पहचान करने में मदद कर सकता है।

परियोजना-आधारित शिक्षण सहयोग और टीमवर्क को बढ़ावा देने का एक प्रभावी तरीका है। परियोजना-आधारित शिक्षण में छात्रों को वास्तविक समस्याओं का पता लगाने और सार्थक समाधान तैयार करने के लिए एक साथ काम करना शामिल है। यह दृष्टिकोण सक्रिय भागीदारी, आलोचनात्मक सोच, और सहयोग को प्रोत्साहित करता है, क्योंकि छात्रों को अपनी परियोजनाओं की सामूहिक रूप से योजना बनानी और कार्यान्वित करनी होती है। उदाहरण के लिए, एक

परियोजना-आधारित शिक्षण गतिविधि में छात्रों को अपने स्कूल के लिए एक टिकाऊ बगीचा डिजाइन और निर्माण करने के लिए काम करना पड़ सकता है। इस परियोजना के लिए उन्हें पौधों पर शोध करने, बगीचे के लेआउट की योजना बनाने, और बगीचे के बेड का निर्माण करने जैसे कार्यों पर सहयोग करना होगा। इस प्रक्रिया के माध्यम से, छात्र अपने टीमवर्क कौशल विकसित करते हैं और विषय वस्तु की गहरी समझ प्राप्त करते हैं।

खेल और शारीरिक गतिविधियाँ भी सहयोग और टीमवर्क के लिए मूल्यवान अवसर प्रदान करती हैं। टीम खेलों में भाग लेने से बच्चों को सहयोग, संचार, और विश्वास के महत्व का एहसास होता है। वे एक सामान्य लक्ष्य की दिशा में एक साथ काम करना, अपने साथियों का समर्थन करना, और एक टीम के रूप में अपनी सफलताओं और असफलताओं का जश्न मनाना सीखते हैं। ये अनुभव बच्चों को अनुशासन, जिम्मेदारी, और खेल भावना की भावना विकसित करने में मदद करते हैं। इसके अलावा, टीम खेल बच्चों के शारीरिक फिटनेस को बढ़ाने और शारीरिक गतिविधि के लिए आजीवन प्रशंसा विकसित करने का एक मज़ेदार और आकर्षक तरीका प्रदान करते हैं।

संगीत, नाटक, और कला जैसे रचनात्मक प्रयास सहयोग और टीमवर्क को बढ़ावा देने का एक और तरीका प्रदान करते हैं। स्कूल के नाटक में भाग लेना, गाना गाने वाले समूह में शामिल होना, या एक समूह कला परियोजना पर काम करना बच्चों को सहयोग और अपने प्रयासों का समन्वय करने की आवश्यकता होती है ताकि वे एक सामान्य लक्ष्य प्राप्त कर सकें। ये गतिविधियाँ बच्चों को सृजनात्मक रूप से खुद को व्यक्त करने के लिए प्रोत्साहित करती हैं, साथ ही दूसरों के सृजनात्मक योगदान की सराहना और समर्थन करना सिखाती हैं। सहयोगात्मक रचनात्मक परियोजनाएँ बच्चों की सांस्कृतिक जागरूकता और प्रशंसा को भी बढ़ा सकती हैं, क्योंकि वे विविध कलात्मक परंपराओं और दृष्टिकोणों का अन्वेषण करते हैं।

तकनीक भी सहयोग और टीमवर्क को बढ़ावा देने में भूमिका निभा सकती है। सहयोगात्मक लेखन सॉफ्टवेयर, ऑनलाइन चर्चा मंच, और वर्चुअल प्रोजेक्ट प्रबंधन उपकरण जैसे डिजिटल उपकरण और प्लेटफ़ॉर्म बच्चों को भौतिक स्थान की परवाह किए बिना परियोजनाओं पर एक साथ काम करने में सक्षम बनाते हैं। ये उपकरण संचार, संगठन, और सहयोग को सुविधाजनक बनाते हैं, जिससे

बच्चों के लिए विचार साझा करना, प्रगति पर नज़र रखना, और कार्य प्रबंधन करना आसान हो जाता है। उदाहरण के लिए, एक समूह प्रस्तुति पर काम कर रहे छात्र सहयोगात्मक लेखन सॉफ़्टवेयर का उपयोग करके वास्तविक समय में अपने स्लाइड तैयार और संपादित कर सकते हैं, भले ही वे एक ही स्थान पर न हों। तकनीक वैश्विक सहयोग के लिए भी अवसर प्रदान करती है, क्योंकि बच्चे विभिन्न देशों और संस्कृतियों के साथियों के साथ साझा परियोजनाओं पर काम करने के लिए जुड़ सकते हैं।

माता-पिता और शिक्षक सहयोग और टीमवर्क को बढ़ावा देने के लिए इन कौशलों का अपने खुद के इंटरैक्शन में प्रदर्शन करके बच्चों का समर्थन कर सकते हैं। रोज़मर्रा की स्थितियों में प्रभावी संचार, सहयोग, और संघर्ष समाधान का प्रदर्शन बच्चों को अनुकरण करने के लिए सकारात्मक उदाहरण प्रदान करता है। इसके अलावा, परिवार या कक्षा के निर्णयों और परियोजनाओं में बच्चों को शामिल करना उन्हें एक साथ काम करने और एक सामान्य लक्ष्य में योगदान करने का व्यावहारिक अनुभव दे सकता है। उदाहरण के लिए, परिवार की छुट्टी की योजना बनाना या कक्षा की घटना को व्यवस्थित करना बच्चों के लिए अपने टीमवर्क कौशल का अभ्यास करने और जिम्मेदारियाँ लेने का अवसर हो सकता है।

प्रतिबिंब और आत्म-मूल्यांकन को प्रोत्साहित करना सहयोग और टीमवर्क कौशल विकसित करने के लिए भी महत्वपूर्ण है। बच्चों को उनके समूह अनुभवों पर विचार करने, क्या अच्छा रहा, और सुधार के क्षेत्रों पर चर्चा करने के लिए अवसर प्रदान करना उन्हें प्रभावी टीमवर्क की गहरी समझ विकसित करने में मदद कर सकता है। प्रतिबिंब गतिविधियाँ, जैसे समूह चर्चाएँ, साथी प्रतिक्रिया, और आत्म-मूल्यांकन चेकलिस्ट, आत्म-जागरूकता और सतत विकास को बढ़ावा दे सकती हैं। उदाहरण के लिए, एक समूह परियोजना को पूरा करने के बाद, छात्र चर्चा कर सकते हैं कि कौन सी रणनीतियाँ सबसे अच्छी थीं, उन्होंने संघर्षों को कैसे हल किया, और भविष्य में सहयोग के लिए वे क्या अलग कर सकते हैं।

टीमवर्क उपलब्धियों का उत्सव मनाना सहयोग के मूल्य को सुदृढ़ करने के लिए महत्वपूर्ण है। सभी टीम सदस्यों के प्रयासों और योगदानों को मान्यता देना गर्व और प्रेरणा की भावना को बढ़ावा देता है। इसे पुरस्कारों, प्रमाणपत्रों, या सार्वजनिक मान्यता के माध्यम से किया जा सकता है, जैसे कि स्कूल सभाओं

में परियोजनाओं को प्रस्तुत करना या व्यापक समुदाय के साथ सफलताओं को साझा करना। टीमवर्क उपलब्धियों का उत्सव न केवल बच्चों के आत्मविश्वास को बढ़ाता है बल्कि उन्हें सामान्य लक्ष्यों की ओर मिलकर काम करने के महत्व को भी सुदृढ़ करता है।

सहयोग और टीमवर्क आवश्यक कौशल हैं, जिन्हें बच्चों को आधुनिक दुनिया की जटिलताओं को नेविगेट करने के लिए विकसित करना चाहिए। ये कौशल संचार, समस्या-समाधान, भावनात्मक विकास, और सामाजिक क्षमता को बढ़ाते हैं, शैक्षणिक और व्यक्तिगत सफलता के लिए एक मजबूत आधार प्रदान करते हैं। बच्चों के लिए सार्थक सहयोग के अवसर पैदा करके, मार्गदर्शन और प्रतिक्रिया प्रदान करके, और प्रभावी टीमवर्क को प्रदर्शित करके, माता-पिता और शिक्षक बच्चों को इन महत्वपूर्ण कौशलों को विकसित करने में मदद कर सकते हैं। एक साथ काम करने के विविध अनुभवों के माध्यम से, बच्चे सहयोग, सहानुभूति, और साझा लक्ष्यों के मूल्य को समझना सीखते हैं, जिससे वे एक ऐसे भविष्य के लिए तैयार होते हैं, जहाँ सहयोग और टीमवर्क की बढ़ती आवश्यकता होगी।

"निर्माण और रचनात्मक खेल स्थानिक जागरूकता और सूक्ष्म मोटर कौशल विकसित करते हैं। यह बच्चों को आलोचनात्मक सोचने और समस्याओं को हल करने के लिए प्रोत्साहित करता है। ये गतिविधियाँ सृजनात्मकता और नवाचार को बढ़ावा देती हैं।"

12

रचनात्मक खाना बनाना और बेकिंग

रचनात्मक खाना बनाना और बेकिंग बच्चों के विकास के लिए अद्भुत गतिविधियाँ हैं, जो शारीरिक, संज्ञानात्मक, भावनात्मक और सामाजिक विकास को समेटे हुए हैं। बच्चों को रसोई में शामिल करना न केवल उन्हें जीवन में उपयोगी कौशल सिखाता है, बल्कि उन्हें रचनात्मकता, प्रयोग, और सीखने के अवसर भी प्रदान करता है। खाना बनाना और बेकिंग के माध्यम से बच्चे नए स्वादों और बनावटों का पता लगा सकते हैं, सूक्ष्म मोटर कौशल विकसित कर सकते हैं, गणित और विज्ञान की अवधारणाओं का अभ्यास कर सकते हैं, और कुछ अनोखा और स्वादिष्ट बनाने की प्रक्रिया का आनंद ले सकते हैं।

खाना बनाना और बेकिंग का सबसे तात्कालिक लाभ सूक्ष्म मोटर कौशल का विकास है। सब्जियाँ काटने, सामग्री मापने, आटा गूंथने, और मिश्रण को हिलाने जैसी गतिविधियाँ सटीक हरकतों और समन्वय की मांग करती हैं। ये क्रियाएँ हाथों और उंगलियों की छोटी मांसपेशियों को मजबूत बनाने में मदद करती हैं, जो लेखन, ड्राइंग, और उपकरणों का उपयोग करने जैसे कार्यों के लिए महत्वपूर्ण हैं। छोटे बच्चों के लिए, तरल पदार्थ डालना, आटा रोल करना, और कुकीज़ सजाना जैसे कार्य उनकी दक्षता और नियंत्रण को बढ़ाने में विशेष रूप से प्रभावी हो सकते हैं। खाना पकाने और बेकिंग की गतिविधियों में नियमित रूप से शामिल होकर, बच्चे शैक्षणिक और रोजमर्रा के कार्यों में सफलता के लिए आवश्यक सूक्ष्म मोटर कौशल विकसित करते हैं।

खाना बनाना और बेकिंग संज्ञानात्मक विकास के लिए समृद्ध अवसर भी प्रदान करते हैं। रसोई एक व्यावहारिक स्थान है जहाँ बच्चे गणित और विज्ञान की अवधारणाओं को लागू और मजबूत कर सकते हैं। सामग्री को मापने के लिए मात्राओं, भिन्नों, और माप की इकाइयों की समझ की आवश्यकता होती है। एक रेसिपी का पालन करने के लिए पठन समझ, अनुक्रमण, और निर्देशों का पालन करने की आवश्यकता होती है। बेकिंग, विशेष रूप से, एक विज्ञान है जिसमें रासायनिक प्रतिक्रियाएँ शामिल होती हैं, जैसे कि रोटी के फूलने में खमीर की भूमिका या गर्मी का सामग्री पर प्रभाव। इन गतिविधियों में शामिल होकर, बच्चे अवलोकन करना, परिकल्पना करना, और प्रयोग करना सीखते हैं, जिससे उनकी समस्या-समाधान और आलोचनात्मक सोच कौशल में सुधार होता है। उदाहरण के लिए, वे यह सीख सकते हैं कि एक सही तरह से फूला हुआ केक और एक गलत अनुपात के कारण गिरा हुआ केक के बीच का अंतर कैसे होता है।

भावनात्मक रूप से, रचनात्मक खाना बनाना और बेकिंग आत्म-अभिव्यक्ति और भावनात्मक अन्वेषण के लिए मूल्यवान अवसर प्रदान करते हैं। एक डिश या बेकिंग का सामान बनाना बच्चों को अपने विचारों और कल्पनाओं को जीवन में लाने की अनुमति देता है, जिससे उपलब्धि और गर्व की भावना पैदा होती है। निर्माण और अभिव्यक्ति की यह प्रक्रिया बच्चों के आत्म-सम्मान और आत्मविश्वास को बढ़ा सकती है। इसके अलावा, खाना बनाना और बेकिंग बच्चों को लक्ष्य निर्धारित करने और उन्हें प्राप्त करने के अवसर प्रदान करते हैं, जो उद्देश्य और प्रेरणा की भावना को बढ़ावा दे सकते हैं। इन गतिविधियों के लिए आवश्यक ध्यान और एकाग्रता एक शांत और उपचारात्मक प्रभाव भी प्रदान कर सकते हैं, जिससे बच्चों को तनाव और चिंता को प्रबंधित करने में मदद मिलती है। उदाहरण के लिए, आटा गूंथने की दोहराव वाली गति या पॉट को हिलाने की लयबद्ध प्रक्रिया बहुत स्थिर और ध्यान केंद्रित करने वाली हो सकती है।

सामाजिक रूप से, खाना बनाना और बेकिंग बातचीत और सहयोग के अवसर प्रदान करते हैं। भोजन तैयार करना या कुकीज़ का एक बैच बनाना एक साझा अनुभव हो सकता है जो परिवार और दोस्तों को एक साथ लाता है। रसोई में काम करना संचार, सहयोग, और समन्वय की मांग करता है, क्योंकि बच्चों को कार्य साझा करने, बारी-बारी से काम करने, और एक सामान्य लक्ष्य की ओर काम करने

की आवश्यकता होती है। ये इंटरैक्शन बच्चों को सहानुभूति, सहयोग, और संघर्ष समाधान जैसे महत्वपूर्ण सामाजिक कौशल विकसित करने में मदद करते हैं। इसके अलावा, खाना बनाना और बेकिंग एकता और समुदाय की भावना प्रदान करते हैं, क्योंकि बच्चे पारिवारिक परंपराओं में योगदान करते हैं और साझा यादें बनाते हैं। उदाहरण के लिए, छुट्टी के लिए कुकीज़ बनाना या पारिवारिक समारोह के लिए विशेष भोजन तैयार करना बंधन को मजबूत कर सकता है और स्थायी परंपराएँ बना सकता है।

माता-पिता और देखभालकर्ताओं के लिए, बच्चों को खाना पकाने और बेकिंग की गतिविधियों में शामिल करना एक सहायक और सुरक्षित वातावरण बनाने में शामिल है। यह सुनिश्चित करना कि रसोई बच्चे के अनुकूल है और ये गतिविधियाँ करते समय बच्चे देखरेख और मार्गदर्शन में हैं, सुरक्षा के लिए महत्वपूर्ण है। आयु-उपयुक्त कार्य और उपकरण, जैसे बच्चे के आकार के बर्तन और स्टेप स्टूल प्रदान करना, बच्चों को अधिक पूर्ण और आत्मविश्वास से भाग लेने की अनुमति देता है। बच्चों को जिम्मेदारियाँ लेने के लिए प्रोत्साहित करना, जैसे कि मेज लगाना, फल और सब्जियों को धोना, या सामग्री को हिलाना, उन्हें स्वतंत्रता और क्षमता की भावना विकसित करने में मदद करता है।

खाना पकाने और बेकिंग में रचनात्मकता को प्रोत्साहित करने का अर्थ बच्चों को स्वाद, सामग्री और प्रस्तुति के साथ प्रयोग करने की अनुमति देना है। बच्चों को विभिन्न सामग्रियों के साथ प्रयोग करने और अपनी खुद की रेसिपी या वेरिएशन बनाने के लिए प्रोत्साहित करना उनकी कल्पना और जिज्ञासा को उत्तेजित कर सकता है। उदाहरण के लिए, बच्चे अपनी खुद की पिज़्ज़ा टॉपिंग बनाने, अनोखे सैंडविच संयोजन डिज़ाइन करने, या नई कुकी रेसिपी का आविष्कार करने का आनंद ले सकते हैं। ये गतिविधियाँ बच्चों को रचनात्मक रूप से सोचने और अपने पाक-कौशल विकसित करने के लिए प्रोत्साहित करती हैं। इसके अलावा, बच्चों को योजना और निर्णय लेने की प्रक्रिया में शामिल करना, जैसे रेसिपी चुनना, शॉपिंग सूची बनाना और सामग्री का चयन करना, उन्हें अपनी पाक-कृतियों में स्वामित्व और गर्व की भावना विकसित करने में मदद करता है।

खाना पकाने और बेकिंग सांस्कृतिक अन्वेषण और प्रशंसा के लिए भी अवसर प्रदान करते हैं। विभिन्न संस्कृतियों की रेसिपी का अन्वेषण बच्चों को विविध

स्वादों, सामग्रियों, और खाना पकाने की तकनीकों से परिचित कराता है। यह संपर्क उनके पाक-क्षेत्र का विस्तार करता है और सांस्कृतिक विविधता के लिए प्रशंसा को बढ़ावा देता है। विभिन्न संस्कृतियों के व्यंजन तैयार करना विभिन्न परंपराओं और रीति-रिवाजों के बारे में सीखने का एक मज़ेदार और शैक्षिक तरीका हो सकता है। उदाहरण के लिए, सुशी बनाना, चाला बेक करना, या पारंपरिक भारतीय करी तैयार करना क्रमशः जापानी, यहूदी और भारतीय संस्कृतियों में अंतर्दृष्टि प्रदान कर सकता है। ये गतिविधियाँ भूगोल, इतिहास, और सांस्कृतिक प्रथाओं पर चर्चा को भी प्रेरित कर सकती हैं, जिससे बच्चों की दुनिया की समझ समृद्ध हो जाती है।

तकनीक रचनात्मक खाना पकाने और बेकिंग अनुभवों को बढ़ाने में भूमिका निभा सकती है। कुकिंग ऐप्स, ऑनलाइन ट्यूटोरियल, और वर्चुअल कुकिंग क्लास जैसी डिजिटल टूल्स बच्चों को पाक-कला का अन्वेषण करने और सीखने के लिए नए और रोमांचक तरीके प्रदान करती हैं। ये संसाधन रेसिपीज़, निर्देशात्मक वीडियो, और इंटरैक्टिव कुकिंग गतिविधियों तक पहुँच प्रदान करते हैं, जो बच्चों को उनके पाक-कारनामों में प्रेरित और मार्गदर्शित कर सकते हैं। उदाहरण के लिए, एक टैबलेट का उपयोग करके मैकरून बनाने के लिए चरण-दर-चरण वीडियो ट्यूटोरियल का पालन करना या एक ऐसा ऐप एक्सेस करना जो यादृच्छिक रेसिपी विचार उत्पन्न करता है, खाना पकाने और बेकिंग को अधिक आकर्षक और सुलभ बना सकता है। हालांकि, स्क्रीन समय को वास्तविक, हाथों से किए गए खाना पकाने के अनुभवों के साथ संतुलित करना महत्वपूर्ण है ताकि एक अच्छी तरह से गोल पाक-शिक्षा सुनिश्चित हो सके।

माता-पिता और देखभालकर्ता रचनात्मक खाना पकाने और बेकिंग का समर्थन इन गतिविधियों में बच्चों के साथ भाग लेकर कर सकते हैं। साथ में खाना बनाना और बेकिंग करना आनंददायक और अर्थपूर्ण साझा अनुभव बना सकता है और माता-पिता-बच्चे के संबंध को मजबूत कर सकता है। अपने बच्चों के साथ काम करके, माता-पिता पाक-कौशल का प्रदर्शन कर सकते हैं, नई तकनीकों को प्रस्तुत कर सकते हैं, और मार्गदर्शन और समर्थन प्रदान कर सकते हैं। बच्चों की पाक-कृतियों के बारे में खुले-आम सवाल पूछना, सकारात्मक प्रतिक्रिया देना, और उनकी रचनात्मक प्रक्रिया में सच्ची रुचि दिखाना एक बच्चे के आत्मविश्वास और प्रेरणा पर महत्वपूर्ण प्रभाव डाल सकता है। उदाहरण के लिए, एक केक को सजाने

के लिए बच्चे के प्रयास की प्रशंसा करना या सलाद के लिए चुने गए फ्लेवर के बारे में चर्चा करना उन्हें उनके पाक-रुचियों का और अन्वेषण करने के लिए प्रेरित कर सकता है।

खाना पकाने और बेकिंग को रोजमर्रा की गतिविधियों में शामिल करना बच्चों की भागीदारी और आनंद को और बढ़ा सकता है। नाश्ता तैयार करना, लंच पैक करना, या स्नैक्स बनाना जैसे सरल कार्य बच्चों के लिए अपने पाक-कौशल का अभ्यास करने और पारिवारिक दिनचर्या में योगदान करने के अवसर हो सकते हैं। ये गतिविधियाँ समय लेने वाली या जटिल नहीं होनी चाहिए; रसोई में कुछ मिनटों की भागीदारी का भी सकारात्मक प्रभाव हो सकता है। इसके अलावा, रोजमर्रा के अनुभवों से प्रेरणा लेना, जैसे मौसमी फल और सब्जियों का उपयोग करना, पसंदीदा किताबों या फिल्मों से प्रेरित व्यंजन बनाना, या विशेष अवसरों के लिए भोजन तैयार करना, पाक रचनात्मकता के लिए ताज़ा विचार प्रदान कर सकता है।

बच्चों को उनके खाना पकाने और बेकिंग अनुभवों पर विचार करने के लिए प्रोत्साहित करना उन्हें पाक-कला की गहरी समझ और प्रशंसा विकसित करने में मदद कर सकता है। बच्चों को उनकी कृतियों का मूल्यांकन करने, यह पहचानने कि क्या अच्छा रहा, और सुधार के क्षेत्रों पर चर्चा करने के लिए अवसर प्रदान करना आत्म-जागरूकता और सतत विकास को बढ़ावा दे सकता है। प्रतिबिंब गतिविधियाँ, जैसे कि कुकिंग जर्नल रखना, पारिवारिक स्वाद परीक्षणों में भाग लेना, या अपनी कृतियों को दूसरों के साथ साझा करना, बच्चों के पाक-कौशल और आत्मविश्वास को बढ़ा सकते हैं। उदाहरण के लिए, बच्चों से उनकी पसंदीदा रेसिपी के बारे में लिखने के लिए कहना, उन्होंने इसे बनाकर क्या सीखा, और अगली बार इसे कैसे बेहतर बनाया जा सकता है, उनके खाना पकाने और बेकिंग के आनंद को गहरा कर सकता है।

बच्चों के पाक-प्रयासों का उत्सव मनाना खाना पकाने और बेकिंग के प्रति प्रेम को बढ़ावा देने के लिए महत्वपूर्ण है। उनकी रचनात्मकता, प्रयास, और उपलब्धियों को मान्यता देना इन गतिविधियों के मूल्य को सुदृढ़ करता है और उन्हें अपनी पाक-रुचियों का अन्वेषण जारी रखने के लिए प्रोत्साहित करता है। बच्चों को अपनी पाक-कृतियों को प्रदर्शित करने के लिए अवसर प्रदान करना, जैसे कि

पारिवारिक कुक-ऑफ्स की मेज़बानी करना, बेकिंग प्रतियोगिताओं का आयोजन करना, या विशेष अवसरों के लिए भोजन तैयार करना, उनके आत्मविश्वास और प्रेरणा को बढ़ा सकता है। ये आयोजन बच्चों को दूसरों से प्रतिक्रिया और प्रशंसा प्राप्त करने का मंच भी प्रदान करते हैं, जिससे उनकी आत्म-सम्मान और उपलब्धि की भावना को और बढ़ावा मिलता है।

रचनात्मक खाना बनाना और बेकिंग महत्वपूर्ण गतिविधियाँ हैं जो बच्चों के विकास के लिए अनेक लाभ प्रदान करती हैं। ये गतिविधियाँ सूक्ष्म मोटर कौशल, संज्ञानात्मक विकास, भावनात्मक कल्याण, और सामाजिक बातचीत को बढ़ावा देती हैं। एक सहायक और सुरक्षित वातावरण प्रदान करके, रचनात्मकता और प्रयोग को प्रोत्साहित करके, और बच्चों के साथ इन गतिविधियों में भाग लेकर, माता-पिता और देखभालकर्ता खाना पकाने और बेकिंग के प्रति प्रेम और आजीवन सीखने को बढ़ावा दे सकते हैं। रचनात्मक खाना पकाने और बेकिंग के समृद्ध और गतिशील अनुभवों के माध्यम से, बच्चे आवश्यक कौशल विकसित कर सकते हैं, आत्मविश्वास बना सकते हैं, और पाक-अभिव्यक्ति और अन्वेषण के गहरे लाभों का अनुभव कर सकते हैं।

"एक विकासशील मानसिकता का समर्थन करना बच्चों को सिखाता है कि क्षमताएँ प्रयास और सीखने के माध्यम से विकसित की जा सकती हैं। यह उन्हें चुनौतियों को स्वीकार करने और असफलताओं का सामना करते हुए दृढ़ रहने के लिए प्रोत्साहित करता है। यह मानसिकता जीवन भर की सफलता के लिए महत्वपूर्ण है।"

13

विभिन्न संस्कृतियों का अन्वेषण

विभिन्न संस्कृतियों का अन्वेषण बचपन के विकास का एक समृद्ध और आवश्यक हिस्सा है। विविध संस्कृतियों के संपर्क में आने से बच्चों की दुनिया की समझ बढ़ती है, सहानुभूति को प्रोत्साहन मिलता है, और खुले दिमाग का विकास होता है। विभिन्न परंपराओं, भाषाओं, व्यंजनों और इतिहासों के बारे में जानकर, बच्चे एक व्यापक दृष्टिकोण और सांस्कृतिक विविधता के लिए गहरी प्रशंसा विकसित करते हैं। यह अन्वेषण एक बढ़ते हुए आपस में जुड़े वैश्विक समाज में सम्मानपूर्ण और सामंजस्यपूर्ण संबंधों की नींव रखने में मदद करता है।

विभिन्न संस्कृतियों का अन्वेषण करने का सबसे महत्वपूर्ण लाभ सांस्कृतिक जागरूकता और संवेदनशीलता का विकास है। जब बच्चे विभिन्न संस्कृतियों की रीति-रिवाजों, मान्यताओं, और प्रथाओं के बारे में सीखते हैं, तो वे मानव समाजों की समृद्धि और जटिलता की सराहना करना शुरू करते हैं। यह जागरूकता बच्चों को समझने में मदद करती है कि उनकी जीवनशैली कई में से केवल एक है, जिससे जिज्ञासा और विभिन्न दृष्टिकोणों के लिए सम्मान की भावना को बढ़ावा मिलता है। उदाहरण के लिए, दिवाली, चीनी नववर्ष, या हनुक्का जैसे त्योहारों के बारे में सीखना बच्चों को यह समझने में मदद कर सकता है कि लोग महत्वपूर्ण घटनाओं और उपलब्धियों का जश्न अलग-अलग तरीकों से मनाते हैं। यह ज्ञान बच्चों को उन परंपराओं में मूल्य देखने में मदद करता है जो उनकी अपनी परंपराओं से भिन्न हो सकती हैं और उन्हें सांस्कृतिक भिन्नताओं के प्रति खुले दिमाग से देखने

के लिए प्रेरित करता है।

विभिन्न संस्कृतियों का अन्वेषण सहानुभूति और भावनात्मक बुद्धिमत्ता को भी बढ़ावा देता है। जब बच्चे विभिन्न सांस्कृतिक पृष्ठभूमियों के लोगों की कहानियाँ सुनते हैं, फिल्में देखते हैं, या किताबें पढ़ते हैं, तो उन्हें दूसरों के स्थान पर खुद को रखने का अवसर मिलता है। यह दृष्टिकोण लेने का अभ्यास बच्चों को सहानुभूति विकसित करने में मदद करता है, क्योंकि वे दूसरों की भावनाओं को समझने और साझा करना सीखते हैं। उदाहरण के लिए, किसी अन्य देश में पले-बढ़े बच्चे के बारे में एक कहानी पढ़ना बच्चों को यह सराहने में मदद कर सकता है कि अलग सांस्कृतिक संदर्भ में रहने के साथ कौन-कौन सी चुनौतियाँ और खुशियाँ जुड़ी हो सकती हैं। यह सहानुभूतिपूर्ण समझ समावेशी और सहायक समुदायों के निर्माण के लिए महत्वपूर्ण है, जहाँ विविध पृष्ठभूमियों के व्यक्तियों को मूल्यवान और सम्मानित महसूस होता है।

संज्ञानात्मक विकास भी विभिन्न संस्कृतियों का अन्वेषण करने का एक महत्वपूर्ण लाभ है। विविध सांस्कृतिक प्रथाओं और सोचने के तरीकों का संपर्क बच्चों की संज्ञानात्मक वृद्धि को उत्तेजित करता है, क्योंकि उन्हें नए और विविध दृष्टिकोणों पर विचार करने के लिए प्रेरित किया जाता है। यह संपर्क आलोचनात्मक सोच और समस्या-समाधान कौशल को बढ़ा सकता है, क्योंकि बच्चे जटिलता को नेविगेट करना और उसकी सराहना करना सीखते हैं। उदाहरण के लिए, विभिन्न संस्कृतियों की वास्तुकला शैलियों का अध्ययन, जैसे इस्लामी वास्तुकला की जटिल डिज़ाइन या जापानी वास्तुकला की न्यूनतम सौंदर्यता, बच्चों को रचनात्मक रूप से सोचने और कलात्मक अभिव्यक्ति के विभिन्न रूपों की सराहना करने के लिए प्रेरित कर सकता है। विविध सांस्कृतिक सामग्री के साथ जुड़ाव बच्चों को मान्यताओं पर सवाल उठाने, संबंध बनाने, और दुनिया की अधिक सूक्ष्म समझ विकसित करने के लिए प्रेरित करता है।

भाषा सीखना विभिन्न संस्कृतियों का अन्वेषण करने का एक अभिन्न हिस्सा है और इसके महत्वपूर्ण संज्ञानात्मक और सामाजिक लाभ हैं। नई भाषा सीखने से बच्चों के लिए अवसरों की एक दुनिया खुल जाती है, जिससे वे विभिन्न सांस्कृतिक पृष्ठभूमियों के लोगों के साथ संवाद कर सकते हैं और ज्ञान और साहित्य की एक समृद्ध सामग्री तक पहुँच प्राप्त कर सकते हैं। द्विभाषावाद और

बहुभाषावाद संज्ञानात्मक लचीलापन, स्मृति, और समस्या-समाधान कौशल को बेहतर बनाते हैं। उदाहरण के लिए, जो बच्चे स्पेनिश बोलना सीखते हैं, वे स्पेनिश बोलने वाले समुदायों से जुड़ सकते हैं, स्पेनिश साहित्य पढ़ सकते हैं, और भाषा में निहित सांस्कृतिक सूक्ष्मताओं को समझ सकते हैं। भाषा सीखना सांस्कृतिक सहानुभूति को भी बढ़ावा देता है, क्योंकि यह बच्चों को विभिन्न भाषाओं की जटिलताओं और सुंदरता की सराहना करने के लिए प्रेरित करता है।

भोजन विभिन्न संस्कृतियों का अन्वेषण करने का एक और शक्तिशाली तरीका है। नई व्यंजनों को आजमाना और विभिन्न संस्कृतियों की पाक परंपराओं के बारे में सीखना बच्चों के लिए एक आनंददायक और शैक्षिक अनुभव हो सकता है। दुनिया भर के व्यंजन पकाने और चखने से बच्चे यह समझ सकते हैं कि विभिन्न संस्कृतियों में भोजन का क्या महत्व है और किस तरह भूगोल, इतिहास, और परंपराओं ने पाक-प्रथाओं को प्रभावित किया है। उदाहरण के लिए, इतालवी पास्ता, जापानी सुशी, या इथियोपियाई इंजेरा तैयार करना बच्चों को इन संस्कृतियों की सामग्रियों, स्वादों, और खाना पकाने की तकनीकों से परिचित करा सकता है। विभिन्न संस्कृतियों से संबंधित भोजन को साझा करना समुदाय और उत्सव की भावना को भी प्रोत्साहित कर सकता है, क्योंकि भोजन अक्सर लोगों को अर्थपूर्ण तरीकों से एक साथ लाता है।

कला और संगीत सार्वभौमिक अभिव्यक्ति के रूप हैं, जो सांस्कृतिक अन्वेषण के लिए समृद्ध अवसर प्रदान करते हैं। विभिन्न संस्कृतियों की दृश्य और प्रदर्शन कलाओं से जुड़ाव बच्चों को यह समझने में मदद करता है कि लोग अपनी रचनात्मकता और पहचान को किस तरह व्यक्त करते हैं। उदाहरण के लिए, अफ्रीकी कला के जीवंत रंगों और पैटर्न, भारतीय शास्त्रीय नृत्य की जटिलता, या लैटिन अमेरिकी संगीत की आत्मीय धुनों का अन्वेषण बच्चों को प्रेरित कर सकता है और उनके कलात्मक दृष्टिकोण को विस्तृत कर सकता है। सांस्कृतिक कला और संगीत गतिविधियों, जैसे प्रदर्शन देखना, संग्रहालयों का दौरा करना, या विभिन्न सांस्कृतिक परंपराओं से प्रेरित कला बनाना, बच्चों को सांस्कृतिक विविधता की सुंदरता से जुड़ने और उसका उत्सव मनाने की अनुमति देता है।

यात्रा, चाहे भौतिक हो या आभासी, विभिन्न संस्कृतियों का अन्वेषण करने का एक और प्रभावशाली तरीका है। नए स्थानों का दौरा करना और विभिन्न वातावरणों

का प्रत्यक्ष अनुभव बच्चों पर गहरा प्रभाव डाल सकता है। यात्रा बच्चों को नई सांस्कृतिक परिस्थितियों में डूबने, दैनिक जीवन का अवलोकन करने, और विविध पृष्ठभूमियों के लोगों के साथ बातचीत करने का अवसर देती है। यदि भौतिक यात्रा संभव न हो, तो आभासी यात्राएँ और ऑनलाइन संसाधन मूल्यवान सांस्कृतिक अनुभव प्रदान कर सकते हैं। उदाहरण के लिए, चीन की महान दीवार, मिस्र के पिरामिड, या एफिल टॉवर जैसे विश्व प्रसिद्ध स्थलों के आभासी दौरों में भाग लेना बच्चों की जिज्ञासा को प्रज्वलित कर सकता है और इन स्थलों के सांस्कृतिक और ऐतिहासिक महत्व की जानकारी दे सकता है। यात्रा अनुभव, चाहे वास्तविक हो या आभासी, बच्चों को वैश्विक नागरिकता का एहसास और दुनिया की विविधता की गहरी सराहना करने में मदद करते हैं।

शिक्षा में सांस्कृतिक अन्वेषण को शामिल करना सीखने के अनुभव को काफी बढ़ा सकता है। पाठ्यक्रम में बहुसांस्कृतिक सामग्री को शामिल करना बच्चों को यह देखने में मदद करता है कि विभिन्न विषयों जैसे इतिहास, साहित्य, भूगोल, और सामाजिक अध्ययन में सांस्कृतिक विविधता का क्या महत्व है। उदाहरण के लिए, विविध संस्कृतियों के वैज्ञानिक योगदान, साहित्य, और कला का अध्ययन मानव उपलब्धि की अधिक समावेशी और व्यापक समझ प्रदान कर सकता है। सांस्कृतिक विरासत महीनों, जैसे ब्लैक हिस्ट्री मंथ, हिस्पैनिक हेरिटेज मंथ, या एशियन पैसिफिक अमेरिकन हेरिटेज मंथ का उत्सव, विभिन्न सांस्कृतिक समूहों के योगदान और अनुभवों की सराहना के लिए केंद्रित शिक्षण और अवसर प्रदान कर सकता है।

अभिभावक और देखभालकर्ता सांस्कृतिक अन्वेषण और प्रशंसा को बढ़ावा देने में महत्वपूर्ण भूमिका निभाते हैं। एक सांस्कृतिक रूप से समृद्ध घरेलू वातावरण बनाना, जहाँ विविधता का उत्सव मनाया जाए और उसे महत्व दिया जाए, बच्चों के दृष्टिकोण पर महत्वपूर्ण प्रभाव डाल सकता है। इसमें विविध किताबें, संगीत और कला को घर में शामिल करना, सांस्कृतिक छुट्टियों और परंपराओं का उत्सव मनाना, और सांस्कृतिक समानताओं और भिन्नताओं के बारे में खुले विचारों से चर्चा करना शामिल हो सकता है। माता-पिता समावेशी व्यवहार और दृष्टिकोण का प्रदर्शन कर सकते हैं, विभिन्न संस्कृतियों के प्रति सम्मान और जिज्ञासा दिखाकर। उदाहरण के लिए, परिवार के रूप में सांस्कृतिक उत्सवों में भाग लेना, सांस्कृतिक संस्थानों का दौरा करना, या सांस्कृतिक आदान-प्रदान कार्यक्रमों

में भाग लेना मूल्यवान शिक्षण अनुभव प्रदान कर सकते हैं और सांस्कृतिक विविधता के लिए प्रशंसा की भावना को बढ़ावा दे सकते हैं।

सामुदायिक सहभागिता सांस्कृतिक अन्वेषण का एक और महत्वपूर्ण पहलू है। स्थानीय सांस्कृतिक संगठनों के साथ जुड़ाव, सामुदायिक कार्यक्रमों में भागीदारी, और विविध पृष्ठभूमियों के लोगों के साथ संबंध बनाना बच्चों के लिए सार्थक सांस्कृतिक अनुभव प्रदान कर सकते हैं। सांस्कृतिक संगठनों के साथ स्वयंसेवा, सांस्कृतिक कार्यशालाओं में भागीदारी, या सामुदायिक संवाद में शामिल होना बच्चों को यह समझने में मदद कर सकता है कि मजबूत, समावेशी समुदायों के निर्माण में सांस्कृतिक विविधता का क्या महत्व है। सामुदायिक सहभागिता बच्चों को उनके सामाजिक और नेतृत्व कौशल विकसित करने के अवसर भी प्रदान करती है, क्योंकि वे सांस्कृतिक समझ और प्रशंसा को बढ़ावा देने के लिए दूसरों के साथ काम करते हैं।

प्रौद्योगिकी सांस्कृतिक अन्वेषण को सुविधाजनक बना सकती है, जो संसाधनों और अनुभवों तक पहुँच प्रदान करती है। ऑनलाइन मंच, शैक्षिक वेबसाइट, और सोशल मीडिया विभिन्न संस्कृतियों के बारे में जानने और दुनिया भर के लोगों के साथ जुड़ने के कई अवसर प्रदान करते हैं। आभासी आदान-प्रदान, ऑनलाइन सांस्कृतिक उत्सव, और इंटरैक्टिव शिक्षण मॉड्यूल आकर्षक और इमर्सिव सांस्कृतिक अनुभव प्रदान कर सकते हैं। उदाहरण के लिए, एक आभासी पेन पाल कार्यक्रम में भाग लेना बच्चों को विभिन्न देशों के साथियों के साथ संवाद करने, सांस्कृतिक जानकारी साझा करने, और अंतर-सांस्कृतिक मित्रता विकसित करने की अनुमति दे सकता है। प्रौद्योगिकी सांस्कृतिक विषयों का अन्वेषण करने के लिए डिजिटल पुस्तकालयों, वृत्तचित्रों, और शैक्षिक खेलों तक पहुँच प्रदान करती है, जिससे सांस्कृतिक अन्वेषण अधिक सुलभ और इंटरैक्टिव हो जाता है।

बच्चों को उनके सांस्कृतिक अन्वेषण अनुभवों पर चिंतन करने के लिए प्रेरित करना सांस्कृतिक विविधता की गहरी समझ और प्रशंसा को बढ़ाने के लिए महत्वपूर्ण है। बच्चों को यह चर्चा करने के अवसर प्रदान करना कि उन्होंने क्या सीखा, अपनी अंतर्दृष्टि साझा करना, और विभिन्न संस्कृतियों के बारे में अपने विचार और भावनाओं को व्यक्त करना आलोचनात्मक सोच और सहानुभूति को बढ़ावा दे सकता है। चिंतनशील गतिविधियाँ, जैसे जर्नलिंग, समूह चर्चा,

या रचनात्मक परियोजनाएँ, बच्चों को उनके अनुभवों को संसाधित करने और सांस्कृतिक विविधता की अधिक सूक्ष्म समझ विकसित करने में मदद कर सकती हैं। उदाहरण के लिए, एक सांस्कृतिक स्क्रैपबुक बनाना, सांस्कृतिक अनुभवों पर लिखित विचार प्रस्तुत करना, या एक सांस्कृतिक शोध परियोजना को प्रस्तुत करना बच्चों को सांस्कृतिक विविधता के साथ जुड़ने और उसका उत्सव मनाने के लिए सार्थक तरीके प्रदान कर सकता है।

बच्चों के सांस्कृतिक अन्वेषण प्रयासों को पहचानना और उनका उत्सव मनाना सांस्कृतिक विविधता के महत्व को सुदृढ़ करने के लिए महत्वपूर्ण है। विभिन्न संस्कृतियों के बारे में सीखने में उनकी जिज्ञासा, प्रयास, और उपलब्धियों को स्वीकार करना उनके आत्मविश्वास और प्रेरणा को बढ़ा सकता है। बच्चों को उनके सांस्कृतिक ज्ञान और अनुभवों को प्रदर्शित करने के अवसर प्रदान करना, जैसे सांस्कृतिक मेले, प्रस्तुतियाँ, या प्रदर्शन, उन्हें अपने शिक्षण को दूसरों के साथ साझा करने और सकारात्मक प्रतिक्रिया प्राप्त करने का एक मंच प्रदान कर सकता है। सांस्कृतिक अन्वेषण उपलब्धियों का उत्सव भी सांस्कृतिक विविधता के लिए गर्व और प्रशंसा की भावना को बढ़ावा देता है, बच्चों को उनके सांस्कृतिक सीखने की यात्रा जारी रखने के लिए प्रोत्साहित करता है।

विभिन्न संस्कृतियों का अन्वेषण बचपन के विकास का एक समृद्ध और आवश्यक हिस्सा है। विविध संस्कृतियों के संपर्क में आने से बच्चों की दुनिया की समझ बढ़ती है, सहानुभूति को प्रोत्साहन मिलता है, और खुले दिमाग का विकास होता है। विभिन्न परंपराओं, भाषाओं, व्यंजनों, और इतिहासों के बारे में जानकर, बच्चे व्यापक दृष्टिकोण और सांस्कृतिक विविधता के लिए गहरी प्रशंसा विकसित करते हैं। माता-पिता, शिक्षक, और देखभालकर्ता सांस्कृतिक अन्वेषण का समर्थन सांस्कृतिक रूप से समृद्ध वातावरण बनाकर, शिक्षा में बहुसांस्कृतिक सामग्री को शामिल करके, समुदायों के साथ जुड़ाव करके, प्रौद्योगिकी का लाभ उठाकर, और सांस्कृतिक उपलब्धियों के चिंतन और उत्सव को प्रोत्साहित करके कर सकते हैं। विभिन्न संस्कृतियों के अन्वेषण के समृद्ध और गतिशील अनुभवों के माध्यम से, बच्चे आवश्यक कौशल विकसित कर सकते हैं, सहानुभूति और सम्मान बना सकते हैं, और सूचित और सहानुभूतिपूर्ण वैश्विक नागरिक बन सकते हैं।

"प्रौद्योगिकी और डिजिटल रचनात्मकता अभिव्यक्ति और सीखने के लिए नए संभावनाओं के द्वार खोलती हैं। ये नवाचार और सहयोग के उपकरण प्रदान करती हैं। डिजिटल गतिविधियों और वास्तविक दुनिया के अनुभवों का संतुलन बच्चों के विकास को समृद्ध करता है।"

14

संरचना और स्वतंत्रता का संतुलन

संरचना और स्वतंत्रता का संतुलन बच्चों को पालन-पोषण और शिक्षा देने का एक बुनियादी पहलू है। यह नाज़ुक संतुलन स्वतंत्रता, रचनात्मकता, अनुशासन और लचीलेपन को बढ़ावा देने के लिए महत्वपूर्ण है। संरचना बच्चों को सुरक्षा और पूर्वानुमान की भावना प्रदान करती है, जिससे उन्हें अपेक्षाएँ और सीमाएँ समझने में मदद मिलती है। दूसरी ओर, स्वतंत्रता बच्चों को अन्वेषण, आत्म-अभिव्यक्ति और व्यक्तिगत विकास के लिए प्रेरित करती है। इन दोनों तत्वों के बीच सही संतुलन स्थापित करना बच्चे के समग्र विकास और कल्याण पर गहरा प्रभाव डाल सकता है।

बच्चे के जीवन में संरचना आमतौर पर दिनचर्या, नियमों और दिशानिर्देशों के रूप में आती है। ये तत्व एक स्थिर वातावरण बनाने में मदद करते हैं जहाँ बच्चे पनप सकते हैं। दिनचर्या, जैसे नियमित भोजन का समय, सोने का समय और अध्ययन सत्र, आदेश और पूर्वानुमान की भावना प्रदान करते हैं। जब बच्चों को यह पता होता है कि उन्हें क्या उम्मीद करनी चाहिए, तो वे अधिक सुरक्षित महसूस करते हैं और अपने समय और गतिविधियों को बेहतर ढंग से प्रबंधित कर पाते हैं। उदाहरण के लिए, एक स्थिर सोने की दिनचर्या बच्चों को आवश्यक आराम दिलाने में मदद करती है, जो उनके शारीरिक और संज्ञानात्मक विकास के लिए आवश्यक है। इसी तरह, नियमित अध्ययन सत्र बच्चों को अच्छे अध्ययन की आदतें और समय प्रबंधन कौशल विकसित करने में मदद करते हैं, जो शैक्षणिक सफलता के

लिए महत्वपूर्ण हैं।

नियम और दिशानिर्देश स्वीकार्य व्यवहार और सीमाओं के बारे में बच्चों को सिखाने में एक महत्वपूर्ण भूमिका निभाते हैं। स्पष्ट और सुसंगत नियम बच्चों को यह समझने में मदद करते हैं कि उनसे क्या अपेक्षा की जाती है और कौन से व्यवहार अस्वीकार्य हैं। यह समझ आत्म-अनुशासन और दूसरों के प्रति सम्मान विकसित करने के लिए आवश्यक है। उदाहरण के लिए, स्क्रीन समय, गृहकार्य और कामों के बारे में नियम बच्चों को जिम्मेदारी और उनके जीवन के विभिन्न पहलुओं को संतुलित करने के महत्व को सिखाते हैं। इन नियमों को लगातार लागू करने से बच्चों को उन्हें आत्मसात करने और जवाबदेही की भावना विकसित करने में मदद मिलती है।

जहाँ संरचना आवश्यक है, वहीं बच्चों को स्वतंत्रता प्रदान करना भी उतना ही महत्वपूर्ण है। स्वतंत्रता बच्चों को उनके हितों का पता लगाने, चुनाव करने और उनके अनुभवों से सीखने की अनुमति देती है। यह स्वायत्तता स्वतंत्रता और आत्मविश्वास विकसित करने के लिए महत्वपूर्ण है। जब बच्चों को निर्णय लेने की स्वतंत्रता दी जाती है, तो वे अपने कार्यों की जिम्मेदारी लेना और समस्या-समाधान कौशल विकसित करना सीखते हैं। उदाहरण के लिए, बच्चों को उनके पाठ्येतर गतिविधियों या शौक को चुनने की अनुमति देना उन्हें अपने जुनून का पालन करने और पहचान की भावना विकसित करने के लिए प्रेरित करता है।

संरचना और स्वतंत्रता का संतुलन बनाना एक ऐसा वातावरण बनाने में शामिल है जहाँ बच्चे सुरक्षित और समर्थित महसूस करते हैं और साथ ही अन्वेषण और जोखिम उठाने का अवसर भी मिलता है। इसे प्राप्त करने के एक तरीके के रूप में संरचना का एक ढांचा प्रदान करना है जिसके भीतर बच्चों को चुनाव करने की स्वतंत्रता हो। उदाहरण के लिए, माता-पिता गृहकार्य और कामों के लिए एक दिनचर्या स्थापित कर सकते हैं, लेकिन बच्चों को यह तय करने दें कि वे अपने कार्यों को किस क्रम में पूरा करते हैं। यह दृष्टिकोण गतिविधियों पर नियंत्रण की भावना प्रदान करते हुए संरचना की स्थिरता प्रदान करता है।

संरचना और स्वतंत्रता को संतुलित करने का एक अन्य महत्वपूर्ण पहलू यह है कि स्पष्ट अपेक्षाएँ निर्धारित करना और मार्गदर्शन प्रदान करना, जबकि बच्चों

को उनके अनुभवों से सीखने के लिए स्थान देना। उदाहरण के लिए, स्क्रीन समय के बारे में नियम निर्धारित करते समय, माता-पिता नियमों के पीछे के कारणों की व्याख्या कर सकते हैं और बच्चों को स्वस्थ स्क्रीन आदतों के बारे में चर्चा में शामिल कर सकते हैं। यह दृष्टिकोण बच्चों को संतुलन के महत्व को समझने में मदद करता है और उन्हें आत्म-नियमन कौशल विकसित करने के लिए प्रेरित करता है।

खुला संवाद प्रोत्साहित करना संरचना और स्वतंत्रता को संतुलित करने के लिए भी आवश्यक है। एक ऐसा वातावरण बनाना जहाँ बच्चे अपने विचारों और भावनाओं को व्यक्त करने में सहज महसूस करते हों, विश्वास और आपसी सम्मान बनाने में मदद करता है। जब बच्चों को यह पता होता है कि उनके विचारों और प्राथमिकताओं को महत्व दिया जाता है, तो वे नियमों और दिनचर्याओं के बारे में चर्चा में अधिक शामिल होने की संभावना रखते हैं और अपने निर्णयों के प्रति स्वामित्व की भावना महसूस करते हैं। खुला संवाद माता-पिता को आवश्यक होने पर समर्थन और मार्गदर्शन प्रदान करने की अनुमति देता है, जिससे बच्चों को चुनौतियों का सामना करने और अपने अनुभवों से सीखने में मदद मिलती है।

लचीलापन संरचना और स्वतंत्रता को संतुलित करने का एक अन्य महत्वपूर्ण घटक है। जबकि दिनचर्या और नियम महत्वपूर्ण हैं, बदलती परिस्थितियों और जरूरतों के अनुसार लचीला और अनुकूल होना भी आवश्यक है।

बच्चों को वह सुरक्षित वातावरण प्रदान करना जो उन्हें संरचना और स्वतंत्रता दोनों का अनुभव कराए, उनके आत्मविश्वास और लचीलेपन को विकसित करने का सबसे प्रभावी तरीका है।

15

व्यक्तिगत रुचियों का समर्थन करना

बच्चों में व्यक्तिगत रुचियों का समर्थन करना उनके समग्र विकास और भलाई के लिए अत्यंत महत्वपूर्ण है। जब बच्चे अपने जुनून और रुचियों का अनुसरण करते हैं, तो वे उद्देश्य, आंतरिक प्रेरणा, और सीखने के प्रति प्रेम विकसित करने की अधिक संभावना रखते हैं। बच्चों को उनकी अनूठी रुचियों का पता लगाने के लिए प्रोत्साहित करना उन्हें आत्मविश्वास बनाने, विशेष कौशल विकसित करने और अपनी गतिविधियों में खुशी पाने में मदद करता है। व्यक्तिगत रुचियों का यह पोषण रचनात्मकता, लचीलापन और आजीवन सीखने को बढ़ावा देने के लिए आवश्यक है।

व्यक्तिगत रुचियों का समर्थन करने का पहला कदम प्रत्येक बच्चे की अनूठी प्राथमिकताओं और जुनून को पहचानना और महत्व देना है। हर बच्चा अलग होता है, अपनी रुचियों और प्रतिभाओं के साथ। कुछ बच्चे खेलों की ओर आकर्षित हो सकते हैं, तो कुछ संगीत, कला, विज्ञान या साहित्य की ओर। इन भिन्नताओं को समझना और सराहना करना उचित समर्थन और प्रोत्साहन प्रदान करने के लिए महत्वपूर्ण है। बच्चों की गतिविधियों को देखना, उनकी बातचीत सुनना, और उनकी रुचियों के बारे में पूछना यह समझने के लिए मूल्यवान अंतर्दृष्टि प्रदान करता है कि उन्हें क्या उत्साहित और प्रेरित करता है। यह जागरूकता माता-पिता और शिक्षकों को ऐसा वातावरण बनाने में मदद करती है जहां बच्चों की रुचियों को पहचाना और पोषित किया जा सके।

खोज और खोज के लिए अवसर प्रदान करना व्यक्तिगत रुचियों का समर्थन करने के लिए आवश्यक है। बच्चों को यह जानने के लिए विभिन्न गतिविधियों और अनुभवों को आज़माने की स्वतंत्रता चाहिए कि उन्हें क्या आनंद आता है और उनकी प्रतिभा कहाँ है। यह अन्वेषण क्लबों में शामिल होने, कक्षाएं लेने, सामुदायिक आयोजनों में भाग लेने या घर पर विभिन्न शौक आज़माने जैसी गतिविधियों की एक विस्तृत श्रृंखला को शामिल कर सकता है। बिना दबाव या अपेक्षाओं के बच्चों को विभिन्न रुचियों का पता लगाने के लिए प्रोत्साहित करना उन्हें स्वाभाविक रूप से अपने जुनून खोजने की अनुमति देता है। उदाहरण के लिए, विज्ञान में रुचि रखने वाला बच्चा विज्ञान संग्रहालय का दौरा करने, घर पर सरल प्रयोग करने, या विज्ञान क्लब में शामिल होने का आनंद ले सकता है। ये अनुभव बच्चों को उनकी रुचियों में गहराई तक जाने और सीखने के प्रति एक वास्तविक उत्साह विकसित करने के लिए एक मंच प्रदान करते हैं।

संसाधनों और समर्थन प्रदान करना व्यक्तिगत रुचियों के पोषण का एक और महत्वपूर्ण पहलू है। एक बार बच्चे की रुचियों की पहचान हो जाने के बाद, आवश्यक सामग्री, उपकरण और संसाधन प्रदान करना उन्हें अपने जुनून को प्रभावी ढंग से आगे बढ़ाने में मदद कर सकता है। यह समर्थन पुस्तकों, उपकरणों, कक्षाओं, या उनकी रुचियों से संबंधित सुविधाओं तक पहुंच को शामिल कर सकता है। उदाहरण के लिए, पेंटिंग में रुचि रखने वाले बच्चे को विभिन्न प्रकार की कला सामग्री, कला कक्षाओं में भाग लेने, या कला दीर्घाओं का दौरा करने से लाभ हो सकता है। इसी तरह, खेलों के प्रति जुनूनी बच्चा उचित गियर, कोचिंग और प्रतियोगिताओं में भाग लेने के अवसरों की आवश्यकता महसूस कर सकता है। यह सुनिश्चित करना कि बच्चों को अपनी रुचियों का पूरी तरह से पता लगाने के लिए आवश्यक संसाधन मिलें, उन्हें अपने कौशल विकसित करने और अपनी क्षमताओं पर विश्वास हासिल करने में मदद करता है।

प्रोत्साहन और सकारात्मक सुदृढ़ीकरण व्यक्तिगत रुचियों के समर्थन में एक महत्वपूर्ण भूमिका निभाते हैं। बच्चों के प्रयासों और उपलब्धियों का जश्न मनाना, चाहे वह कितनी भी छोटी क्यों न हो, उनके आत्मसम्मान को बढ़ाता है और उन्हें अपने जुनून को जारी रखने के लिए प्रेरित करता है। सकारात्मक सुदृढ़ीकरण विभिन्न रूपों में आ सकता है, जैसे मौखिक प्रशंसा, उनके काम को प्रदर्शित करना,

उनके प्रदर्शन या प्रतियोगिताओं में भाग लेना, और रचनात्मक प्रतिक्रिया प्रदान करना। उदाहरण के लिए, किसी बच्चे के संगीत वाद्ययंत्र का अभ्यास करने के प्रति समर्पण की प्रशंसा करना या किसी खेल में उनकी प्रगति को स्वीकार करना उनके आत्मविश्वास और प्रेरणा पर महत्वपूर्ण प्रभाव डाल सकता है। यह प्रोत्साहन बच्चों को उनके प्रयासों में मूल्यवान और समर्थित महसूस करने में मदद करता है।

संचालित गतिविधियों और स्वतंत्र अन्वेषण के बीच संतुलन बनाए रखना व्यक्तिगत रुचियों को बढ़ावा देने के लिए महत्वपूर्ण है। जबकि कक्षाओं या संगठित खेलों जैसी संरचित गतिविधियाँ मूल्यवान सीखने के अनुभव और कौशल विकास प्रदान करती हैं, यह भी महत्वपूर्ण है कि अनौपचारिक, स्व-निर्देशित अन्वेषण के लिए समय दिया जाए। स्वतंत्र अन्वेषण बच्चों को बिना किसी औपचारिक निर्देश के सीमाओं के, प्रयोग करने, जोखिम लेने और अपनी जिज्ञासा का पालन करने में सक्षम बनाता है। उदाहरण के लिए, लेखन में रुचि रखने वाले बच्चे को स्कूल के असाइनमेंट से बाहर अपनी खुद की कहानियां और कविताएं बनाने की स्वतंत्रता का आनंद मिल सकता है। संरचित और अनियंत्रित गतिविधियों के बीच संतुलन बनाए रखने से यह सुनिश्चित होता है कि बच्चों को अनुशासित और रचनात्मक रूप से संतोषजनक तरीके से अपनी रुचियों को विकसित करने का अवसर मिले।

लक्ष्य निर्धारण और आत्म-चिंतन को प्रोत्साहित करना व्यक्तिगत रुचियों की खोज को बढ़ा सकता है। बच्चों को उनकी रुचियों से संबंधित यथार्थवादी और प्राप्त करने योग्य लक्ष्य निर्धारित करने में मदद करना उन्हें दिशा और उद्देश्य की भावना प्रदान करता है। ये लक्ष्य अल्पकालिक हो सकते हैं, जैसे एक नए कौशल में महारत हासिल करना, या दीर्घकालिक, जैसे कि किसी महत्वपूर्ण परियोजना को पूरा करना या उनकी चुनी हुई गतिविधि में एक मील का पत्थर हासिल करना। बच्चों को उनकी प्रगति और उपलब्धियों पर चिंतन करने के लिए प्रोत्साहित करना उन्हें उनके विकास और सुधार के क्षेत्रों को समझने में मदद करता है। इस यात्रा पर विचार करने और लक्ष्यों को निर्धारित करने का यह अभ्यास विकास मानसिकता को बढ़ावा देता है, जहां बच्चे चुनौतियों को विकास और सीखने के अवसरों के रूप में देखते हैं।

बच्चों को उनकी रुचियों से संबंधित निर्णय लेने की प्रक्रियाओं में शामिल करना उन्हें सशक्त बनाता है और स्वामित्व की भावना को बढ़ावा देता है। बच्चों को उन गतिविधियों को चुनने की अनुमति देना, जिन्हें वे करना चाहते हैं, वे लक्ष्य जो वे निर्धारित करना चाहते हैं, और जिन संसाधनों की उन्हें आवश्यकता है, वे उन्हें निर्णय लेने के कौशल विकसित करने और अपनी सीखने की जिम्मेदारी लेने में मदद करते हैं। यह भागीदारी उनकी आंतरिक प्रेरणा को भी सुदृढ़ करती है, क्योंकि वे उन गतिविधियों में शामिल होने की अधिक संभावना रखते हैं जिन्हें उन्होंने स्वयं चुना है। उदाहरण के लिए, फोटोग्राफी में रुचि रखने वाले बच्चे को यह तय करने देना कि वे किन विषयों को कैद करना चाहते हैं या वे कौन-सी तकनीकें सीखना चाहते हैं, उन्हें पहल करने और अपनी रचनात्मकता का पता लगाने के लिए प्रोत्साहित करता है।

व्यक्तिगत रुचियों का समर्थन करने के लिए सलाह और मार्गदर्शन प्रदान करना एक और महत्वपूर्ण पहलू है। सलाहकार, चाहे वे माता-पिता, शिक्षक, कोच, या किसी विशेष क्षेत्र में पेशेवर हों, मूल्यवान अंतर्दृष्टि, सलाह और समर्थन प्रदान कर सकते हैं। मार्गदर्शन बच्चों को उनकी चुनी हुई रुचियों की चुनौतियों और जटिलताओं को नेविगेट करने में मदद करता है, उन्हें सफल होने के लिए आवश्यक ज्ञान और कौशल प्रदान करता है। उदाहरण के लिए, कंप्यूटर प्रोग्रामिंग में रुचि रखने वाला बच्चा किसी ऐसे संरक्षक से लाभान्वित हो सकता है जो उन्हें जटिल कोडिंग अवधारणाओं के माध्यम से मार्गदर्शन कर सके और वास्तविक दुनिया के अनुप्रयोगों के अवसर प्रदान कर सके। संरक्षक अपने स्वयं के अनुभव और विषय के प्रति जुनून साझा करके बच्चों को प्रेरित और प्रेरित भी कर सकते हैं।

समर्थनकारी और पोषणकारी वातावरण बनाना व्यक्तिगत रुचियों को बढ़ावा देने के लिए आवश्यक है। यह वातावरण आलोचना और दबाव से मुक्त होना चाहिए, जिससे बच्चे अपनी रुचियों को अपनी गति और अपने तरीके से तलाश सकें। बच्चों की उनके साथियों से तुलना करने या अवास्तविक अपेक्षाएँ रखने से बचना महत्वपूर्ण है, क्योंकि यह तनाव पैदा कर सकता है और गतिविधि के प्रति उनकी खुशी को कम कर सकता है। इसके बजाय, प्रत्येक बच्चे की अनूठी यात्रा पर ध्यान केंद्रित करें और उनकी व्यक्तिगत प्रगति और उपलब्धियों का जश्न मनाएं। एक सुरक्षित और समर्थनकारी स्थान प्रदान करना, जहां बच्चे अपनी

रुचियों को व्यक्त करने और अपने जुनून का पालन करने में सहज महसूस करें, उन्हें सकारात्मक और आत्मविश्वासी आत्म-छवि विकसित करने में मदद करता है।

व्यक्तिगत रुचियों के संदर्भ में सहयोग और सामाजिक संपर्क को प्रोत्साहित करना सीखने के अनुभव को बढ़ा सकता है। समान रुचियों को साझा करने वालों के साथ काम करने से टीम वर्क, संवाद, और पारस्परिक सहयोग के अवसर मिलते हैं। सामूहिक गतिविधियाँ, जैसे समूह परियोजनाएँ, क्लब, या कार्यशालाएँ, बच्चों को अपने साथियों से सीखने, विचारों का आदान-प्रदान करने और सामुदायिक भावना बनाने का मौका देती हैं। उदाहरण के लिए, नाटक में रुचि रखने वाले बच्चे को थिएटर समूह में भाग लेने से लाभ हो सकता है, जहां वे अन्य लोगों के साथ सहयोग कर नाटक तैयार और प्रदर्शन कर सकते हैं। ये सामाजिक संपर्क बच्चों को महत्वपूर्ण पारस्परिक कौशल विकसित करने और जुड़ाव की भावना को बढ़ावा देने में मदद करते हैं।

असफलता और लचीलापन की भूमिका को पहचानना व्यक्तिगत रुचियों की खोज में दीर्घकालिक सफलता के लिए महत्वपूर्ण है। बच्चों को यह सिखाना जरूरी है कि असफलता और बाधाएँ सीखने की प्रक्रिया का एक स्वाभाविक हिस्सा हैं और वे इन अनुभवों से मूल्यवान सबक ले सकते हैं। बच्चों में यह मानसिकता विकसित करना कि वे चुनौतियों को विकास के अवसरों के रूप में देखें, उन्हें लचीलापन और दृढ़ता विकसित करने में मदद करता है। कठिन समय में समर्थन और प्रोत्साहन प्रदान करना और बच्चों को बाधाओं को दूर करने की रणनीतियाँ विकसित करने में मदद करना, दृढ़ता और लचीलेपन की भावना को बढ़ावा देता है। उदाहरण के लिए, यदि किसी बच्चे को खेल प्रतियोगिता में असफलता का सामना करना पड़ता है, तो उनके प्रदर्शन पर चिंतन करने, सुधार के क्षेत्रों की पहचान करने, और नए लक्ष्य निर्धारित करने में उनका मार्गदर्शन करना उन्हें लचीलापन और चुनौतियों के प्रति सकारात्मक दृष्टिकोण विकसित करने में मदद करता है।

अकादमिक शिक्षा में व्यक्तिगत रुचियों को शामिल करना बच्चों की स्कूल में भागीदारी और प्रेरणा को बढ़ा सकता है। उनके जुनून को अकादमिक विषयों से जोड़ना सीखने को अधिक प्रासंगिक और आनंददायक बनाता है। उदाहरण के

लिए, खगोल विज्ञान में रुचि रखने वाला बच्चा भौतिकी और गणित में गहरी रुचि विकसित कर सकता है, या पर्यावरण संरक्षण के प्रति जुनूनी बच्चा विज्ञान और भूगोल पाठों में अधिक उत्साह के साथ शामिल हो सकता है। शिक्षक ऐसे अंतःविषय परियोजनाएँ बना सकते हैं जो छात्रों को उनकी रुचियों का पता लगाने की अनुमति देती हैं, जबकि शैक्षणिक उद्देश्यों को भी पूरा करती हैं। यह एकीकृत दृष्टिकोण बच्चों को उनकी रुचियों और शैक्षणिक सीखने के बीच संबंध देखने में मदद करता है, शिक्षा के प्रति एक समग्र और एकीकृत दृष्टिकोण को बढ़ावा देता है।

माता-पिता और शिक्षक व्यक्तिगत रुचियों का समर्थन कर सकते हैं यदि वे स्वयं आजीवन सीखने वाले हों। सीखने और नई रुचियों का पता लगाने के प्रति जुनून दिखाना बच्चों के लिए एक सकारात्मक उदाहरण स्थापित करता है। जब वयस्क जिज्ञासा और सीखने के प्रति प्रेम का प्रदर्शन करते हैं, तो वे बच्चों को अपने स्वयं के हितों के प्रति समान दृष्टिकोण अपनाने के लिए प्रेरित करते हैं। एक साथ सीखने की गतिविधियों में संलग्न होना, जैसे पढ़ना, कार्यशालाओं में भाग लेना, या नए शौक तलाशना, साझा अनुभवों और पारस्परिक विकास के अवसर बनाता है। यह साझा सीखने की यात्रा जुड़ाव और समर्थन की भावना को बढ़ावा देती है, बच्चों को उत्साह और आत्मविश्वास के साथ अपनी रुचियों को आगे बढ़ाने के लिए प्रोत्साहित करती है।

निष्कर्ष

बच्चों में व्यक्तिगत रुचियों का समर्थन करना उनके समग्र विकास और भलाई के लिए आवश्यक है। प्रत्येक बच्चे की अनूठी प्राथमिकताओं और जुनून को पहचानने और महत्व देने, अन्वेषण और खोज के लिए अवसर प्रदान करने, संसाधनों और समर्थन की पेशकश करने, और लक्ष्य निर्धारण और आत्म-चिंतन को प्रोत्साहित करके, माता-पिता और शिक्षक बच्चों की रुचियों का पोषण कर सकते हैं और उन्हें सीखने का प्रेम विकसित करने में मदद कर सकते हैं। समर्थनकारी और पोषणकारी वातावरण बनाना, बच्चों को निर्णय लेने की प्रक्रियाओं में शामिल करना, मार्गदर्शन और परामर्श प्रदान करना, और सहयोग और सामाजिक संपर्क को प्रोत्साहित करना व्यक्तिगत रुचियों की खोज को और बढ़ाता है।

असफलता और लचीलापन की भूमिका को पहचानकर, रुचियों को शैक्षणिक शिक्षा में शामिल करके, और स्वयं आजीवन शिक्षार्थी बनकर, वयस्क बच्चों को उनकी खोज और विकास की यात्रा में प्रेरित और समर्थन कर सकते हैं। इस समग्र दृष्टिकोण के माध्यम से, बच्चे अपने जुनून को आगे बढ़ाने और अपनी पूर्ण क्षमता प्राप्त करने के लिए आवश्यक कौशल, आत्मविश्वास, और आंतरिक प्रेरणा विकसित करते हैं।

"एक बच्चे की जिज्ञासा को प्रोत्साहित करना उनकी क्षमता को अनलॉक करने की कुंजी है। सवाल करना सीखने और नवाचार को प्रेरित करता है। एक जिज्ञासु मन खोज के लिए एक शक्तिशाली उपकरण है।"

16

प्रश्नों की शक्ति

बचपन के विकास में प्रश्नों की शक्ति व्यापक और बहुस्तरीय होती है। प्रश्न जिज्ञासा को उत्तेजित करते हैं, सीखने को प्रेरित करते हैं और दुनिया की गहरी समझ को बढ़ावा देते हैं। बच्चों के लिए, प्रश्न पूछना उनके पर्यावरण का पता लगाने, ज्ञान प्राप्त करने और आलोचनात्मक सोच कौशल विकसित करने का एक स्वाभाविक तरीका है। एक प्रश्नात्मक मानसिकता को प्रोत्साहित करना बच्चों को सक्रिय शिक्षार्थी बनाता है, जो स्वतंत्र सोच और समस्याओं को हल करने में सक्षम होते हैं। प्रश्नों को प्रभावी ढंग से पूछने और उत्तर देने की क्षमता एक मौलिक कौशल है जो उनके संज्ञानात्मक, सामाजिक और भावनात्मक विकास को आकार देता है।

प्रश्नों की शक्ति के केंद्र में बच्चों की प्राकृतिक जिज्ञासा होती है। प्रारंभिक आयु से ही, बच्चे अपने आस-पास की चीजों को समझने की इच्छा से प्रेरित होते हैं। "आकाश नीला क्यों है?" और "पक्षी कैसे उड़ते हैं?" जैसे प्रश्न उनकी स्वाभाविक जिज्ञासा और सीखने की उत्सुकता को दर्शाते हैं। यह जिज्ञासु स्वभाव संज्ञानात्मक विकास के लिए महत्वपूर्ण है, क्योंकि यह बच्चों को नई जानकारी और अनुभवों की खोज करने के लिए प्रेरित करता है। जब बच्चे प्रश्न पूछते हैं, तो वे एक ऐसी प्रक्रिया में संलग्न होते हैं जो उन्हें दुनिया को समझने में मदद करती है। यह प्रक्रिया अवलोकन, परिकल्पना निर्माण, प्रयोग और चिंतन को शामिल करती है, जो सभी वैज्ञानिक सोच के मुख्य घटक हैं।

बच्चों को प्रश्न पूछने और अपनी जिज्ञासा का पता लगाने के लिए प्रोत्साहित

करना सीखने के प्रति प्रेम को बढ़ावा देने के लिए आवश्यक है। जब वयस्क बच्चों के प्रश्नों पर सकारात्मक प्रतिक्रिया देते हैं, तो वे उनकी जिज्ञासा को मान्य करते हैं और आगे की खोज को प्रोत्साहित करते हैं। यह सकारात्मक सुदृढ़ीकरण बच्चों को ज्ञान प्राप्त करने और प्राप्त करने की अपनी क्षमता में आत्मविश्वास विकसित करने में मदद करता है। यह एक विकास मानसिकता को भी बढ़ावा देता है, जहां बच्चे सीखने को एक निरंतर और आनंददायक प्रक्रिया के रूप में देखते हैं। उत्तर प्रदान करके, अनुसंधान का मार्गदर्शन करके और अन्वेषण को प्रोत्साहित करके, माता-पिता और शिक्षक बच्चों की सीखने और खोज की उत्सुकता को पोषित कर सकते हैं।

प्रश्न आलोचनात्मक सोच कौशल विकसित करने के लिए शक्तिशाली उपकरण हैं। जब बच्चे प्रश्न पूछते हैं, तो वे जानकारी का विश्लेषण करना, साक्ष्यों का मूल्यांकन करना और निष्कर्ष निकालना सीखते हैं। यह प्रक्रिया उन्हें स्वतंत्र रूप से और आलोचनात्मक रूप से सोचने की क्षमता विकसित करने में मदद करती है। उदाहरण के लिए, जब एक बच्चा पूछता है, "एक पौधा कैसे बढ़ता है?" तो वे प्रकाश, पानी, और मिट्टी के पोषक तत्वों जैसे अवधारणाओं का पता लगाना शुरू करते हैं। इस जांच के माध्यम से, वे जानकारी एकत्र करना, विभिन्न स्रोतों की तुलना करना, और कारण-प्रभाव संबंधों को समझना सीखते हैं। बच्चों को खुले-समाप्ति वाले प्रश्न पूछने के लिए प्रोत्साहित करना, जिनके लिए हां या नहीं के सरल उत्तर की आवश्यकता नहीं होती है, गहन सोच और चिंतन को बढ़ावा देता है। खुले-समाप्ति वाले प्रश्न चर्चा और अन्वेषण को प्रेरित करते हैं, बच्चों को जटिल समस्याओं से निपटने और सूचित निर्णय लेने के लिए आवश्यक कौशल विकसित करने में मदद करते हैं।

प्रश्नों की शक्ति संचार कौशल के विकास तक भी फैली हुई है। प्रश्न पूछना और उत्तर देना प्रभावी संचार के मौलिक पहलू हैं। जब बच्चे प्रश्न पूछते हैं, तो वे अपने विचार व्यक्त करने और अपनी जिज्ञासा को व्यक्त करने का अभ्यास करते हैं। यह प्रक्रिया उन्हें अपने मौखिक और गैर-मौखिक संचार कौशल विकसित करने में मदद करती है। इसी तरह, प्रश्नों का उत्तर देना बच्चों को सक्रिय रूप से सुनने, जानकारी को संसाधित करने, और विचारशील प्रतिक्रिया देने की आवश्यकता होती है। ये इंटरैक्शन बच्चों को अपनी शब्दावली बनाने, उनकी भाषा कौशल में सुधार करने, और सार्थक बातचीत में शामिल होने की उनकी क्षमता को

बढ़ाने में मदद करते हैं। बच्चों को समूह गतिविधियों या पारिवारिक चर्चाओं जैसे सामाजिक सेटिंग्स में प्रश्न पूछने के लिए प्रोत्साहित करना उन्हें बातचीत में भाग लेने और योगदान करने का आत्मविश्वास विकसित करने में मदद करता है।

सामाजिक रूप से, प्रश्न संबंध बनाने और सहानुभूति विकसित करने में महत्वपूर्ण भूमिका निभाते हैं। जब बच्चे दूसरों के अनुभवों, भावनाओं, और दृष्टिकोणों के बारे में प्रश्न पूछते हैं, तो वे अपने आस-पास के लोगों के साथ गहरा संबंध और समझ विकसित करते हैं। सहानुभूतिपूर्ण प्रश्न पूछने का यह अभ्यास बच्चों को विविधता की सराहना करना और विभिन्न दृष्टिकोणों का सम्मान करना सिखाता है। उदाहरण के लिए, किसी सहपाठी से उनकी पसंदीदा किताब के बारे में पूछना या किसी नए छात्र से उनके पिछले स्कूल के बारे में जानना, संबंध बनाने और मित्रता स्थापित करने में मदद कर सकता है। बच्चों को दूसरों के जीवन में रुचि दिखाने वाले प्रश्न पूछने के लिए प्रोत्साहित करना समुदाय और संबंध की भावना को बढ़ावा देता है।

भावनात्मक रूप से, प्रश्न आत्म-चिंतन और भावनात्मक प्रबंधन के लिए शक्तिशाली उपकरण हो सकते हैं। बच्चों को अपनी भावनाओं और अनुभवों के बारे में प्रश्न पूछने के लिए प्रोत्साहित करना उन्हें आत्म-जागरूकता और भावनात्मक बुद्धिमत्ता विकसित करने में मदद करता है। "मैं परेशान क्यों महसूस कर रहा हूँ?" या "मुझे बेहतर महसूस करने के लिए क्या करना चाहिए?" जैसे प्रश्न बच्चों को अपनी भावनाओं का पता लगाने और उन्हें प्रबंधित करने के लिए रचनात्मक तरीके खोजने के लिए मार्गदर्शन करते हैं। आत्म-जांच का यह अभ्यास बच्चों को सामना करने की रणनीतियाँ और लचीलापन विकसित करने में मदद करता है, जिससे वे चुनौतियों और असफलताओं को अधिक प्रभावी ढंग से नेविगेट कर सकते हैं। इसके अतिरिक्त, जब वयस्क अपने स्वयं के भावनाओं और अनुभवों के बारे में चिंतनशील प्रश्न पूछने का प्रदर्शन करते हैं, तो वे बच्चों के लिए स्वस्थ भावनात्मक प्रबंधन और आत्म-देखभाल प्रथाओं का उदाहरण प्रस्तुत करते हैं।

शैक्षिक सेटिंग्स में, प्रश्नों की शक्ति पूछताछ-आधारित सीखने की प्रक्रिया में स्पष्ट होती है। शिक्षा के इस दृष्टिकोण में छात्रों के प्रश्नों को सीखने की प्रक्रिया का मार्गदर्शन करने का महत्व दिया जाता है। पूछताछ-आधारित शिक्षा छात्रों को प्रश्न

पूछने, अनुसंधान करने, और अपनी खोजों को प्रस्तुत करने के लिए प्रोत्साहित करती है। यह छात्र-केंद्रित दृष्टिकोण शिक्षा के प्रति स्वामित्व और जिम्मेदारी की भावना को बढ़ावा देता है, जिससे सीखने की प्रक्रिया अधिक आकर्षक और अर्थपूर्ण बनती है। छात्रों को प्रश्न पूछने और रुचि के विषयों का पता लगाने के लिए प्रोत्साहित करके, शिक्षक एक गतिशील और इंटरैक्टिव शिक्षण वातावरण बना सकते हैं जो आलोचनात्मक सोच, रचनात्मकता, और समस्या-समाधान को बढ़ावा देता है।

प्रश्न रचनात्मकता और नवाचार को बढ़ावा देने में भी महत्वपूर्ण भूमिका निभाते हैं। जब बच्चों को "क्या होगा यदि?" और "क्यों नहीं?" जैसे प्रश्न पूछने के लिए प्रोत्साहित किया जाता है, तो वे यथास्थिति से परे सोचने और नई संभावनाओं का पता लगाने लगते हैं। इस प्रकार के प्रश्न कल्पनाशील सोच को उत्तेजित करते हैं और बच्चों को धारणाओं को चुनौती देने और वैकल्पिक समाधानों का पता लगाने के लिए प्रेरित करते हैं। उदाहरण के लिए, "क्या होगा यदि हम एक ऐसा रोबोट बना सकें जो घरेलू कार्यों में मदद करता है?" पूछना बच्चों को रोबोटिक्स, इंजीनियरिंग, और प्रोग्रामिंग का पता लगाने के लिए प्रेरित कर सकता है। बच्चों को रचनात्मक प्रश्न पूछने के लिए प्रोत्साहित करना उन्हें नवाचार और उद्यमिता के लिए आवश्यक कौशल और मानसिकता विकसित करने में मदद करता है।

माता-पिता और शिक्षक जिज्ञासा को महत्व और प्रोत्साहित करने वाले वातावरण बनाकर प्रश्न पूछने के कौशल के विकास का समर्थन कर सकते हैं। अन्वेषण और खोज के अवसर प्रदान करना, जैसे व्यावहारिक गतिविधियाँ, शैक्षिक यात्राएँ, और प्रयोग, बच्चों की प्राकृतिक जिज्ञासा और सीखने की इच्छा को प्रेरित करता है। इसके अतिरिक्त, बच्चों के साथ प्रश्न पूछने और उत्तर खोजने का अभ्यास करके जिज्ञासा का एक सकारात्मक उदाहरण प्रस्तुत करना आजीवन सीखने और बौद्धिक जिज्ञासा के महत्व को दर्शाता है।

प्रश्न पूछने को प्रोत्साहित करने का एक प्रभावी तरीका कहानी और साहित्य है। ऐसी किताबें पढ़ना जिनमें जिज्ञासु और खोजी पात्र हों, बच्चों को अपने प्रश्न पूछने और नए विचारों का पता लगाने के लिए प्रेरित कर सकती हैं। कहानियों पर चर्चा करना और पात्रों, कथानक, और विषयों के बारे में प्रश्न पूछना बच्चों की समझ को गहरा कर सकता है और उन्हें आलोचनात्मक रूप से सोचने के लिए

प्रेरित कर सकता है। उदाहरण के लिए, "आपको क्यों लगता है कि पात्र ने वह निर्णय लिया?" या "आपको क्या लगता है कि आगे क्या होगा?" जैसे प्रश्न पूछना चर्चा और विश्लेषण को उत्तेजित करता है, जिससे बच्चों को उनकी समझ और आलोचनात्मक सोच कौशल विकसित करने में मदद मिलती है।

बच्चों को प्रश्न-जर्नल रखने के लिए प्रोत्साहित करना भी एक मूल्यवान अभ्यास हो सकता है। एक प्रश्न-जर्नल बच्चों को उनके प्रश्नों, विचारों और अवलोकनों को लिखने के लिए स्थान प्रदान करता है। यह अभ्यास बच्चों को पूछताछ और चिंतन की आदत विकसित करने में मदद करता है। माता-पिता या शिक्षकों के साथ जर्नल की समीक्षा करना चर्चा, अनुसंधान, और खोज के अवसर प्रदान करता है। यह अभ्यास न केवल जिज्ञासा को प्रोत्साहित करता है बल्कि बच्चों को उनके लेखन और संगठनात्मक कौशल विकसित करने में भी मदद करता है।

एक और प्रभावी रणनीति प्रश्न-अनुकूल कक्षा या घर का वातावरण बनाना है। "आप किस बारे में जानना चाहते हैं?" या "हम इसे कैसे जान सकते हैं?" जैसे प्रश्न प्रोत्साहन प्रदर्शित करना बच्चों को आलोचनात्मक सोचने और प्रश्न पूछने के लिए प्रेरित कर सकता है। किताबें, वेबसाइटें, और उपकरण जैसे संसाधन प्रदान करना जो पूछताछ और अन्वेषण का समर्थन करते हैं, बच्चों को उनके प्रश्नों का उत्तर खोजने और उनकी समझ को गहरा करने में मदद करता है। सहयोगात्मक पूछताछ को प्रोत्साहित करना, जहाँ बच्चे किसी विषय का पता लगाने या समस्या को हल करने के लिए एक साथ काम करते हैं, टीम वर्क और साझा सीखने की भावना को बढ़ावा देता है।

प्रश्नों की शक्ति को पहचानना और उसका जश्न मनाना उनके महत्व को सुदृढ़ करने के लिए आवश्यक है। बच्चों की जिज्ञासा, प्रयास, और अंतर्दृष्टि को मान्यता देना और उनकी सराहना करना उन्हें लगातार प्रश्न पूछने और ज्ञान प्राप्त करने के लिए प्रोत्साहित करता है। बच्चों को उनकी प्रश्नों और खोजों को साझा करने के अवसर प्रदान करना, जैसे प्रस्तुतियों, परियोजनाओं, या चर्चाओं के माध्यम से, उन्हें अपनी जिज्ञासा और रचनात्मकता व्यक्त करने का एक मंच देता है। पूछताछ और अन्वेषण का जश्न मनाना सीखने और बौद्धिक खोज की संस्कृति का निर्माण करता है।

बचपन के विकास में प्रश्नों की शक्ति गहरी और दूरगामी है। प्रश्न जिज्ञासा को उत्तेजित करते हैं, सीखने को प्रेरित करते हैं, और आलोचनात्मक सोच, संचार, और सामाजिक-भावनात्मक कौशल को बढ़ावा देते हैं। एक प्रश्नात्मक मानसिकता को प्रोत्साहित करना बच्चों को सक्रिय और संलग्न शिक्षार्थी बनाता है, जो स्वतंत्र सोच और समस्या-समाधान में सक्षम होते हैं। ऐसा वातावरण बनाकर जो पूछताछ को महत्व देता है और समर्थन करता है, माता-पिता और शिक्षक बच्चों की प्राकृतिक जिज्ञासा का पोषण कर सकते हैं और उन्हें आजीवन सीखने और सफलता के लिए आवश्यक कौशल और मानसिकता विकसित करने में मदद कर सकते हैं। प्रश्न पूछने और उत्तर देने के अभ्यास के माध्यम से, बच्चे दुनिया की गहरी समझ प्राप्त करते हैं, सार्थक संबंध बनाते हैं, और जीवन की जटिलताओं को नेविगेट करने के लिए आवश्यक बौद्धिक और भावनात्मक उपकरण विकसित करते हैं।

"सहयोग और टीम वर्क बच्चों को विभिन्न दृष्टिकोणों और सामूहिक प्रयास के महत्व को सिखाते हैं। रचनात्मक परियोजनाओं पर एक साथ काम करना मजबूत, सहायक संबंधों का निर्माण करता है। ये अनुभव समुदाय और साझा उपलब्धि की भावना को बढ़ावा देते हैं।"

17

रचनात्मक चुनौतियाँ और प्रतियोगिताएँ

रचनात्मक चुनौतियाँ और प्रतियोगिताएँ बच्चों के विकास को पोषित करने में महत्वपूर्ण भूमिका निभाती हैं, उनके संज्ञानात्मक कौशल को बढ़ाने, आत्मसम्मान का निर्माण करने और स्वस्थ प्रतिस्पर्धा की भावना को बढ़ावा देने के अवसर प्रदान करती हैं। इन गतिविधियों में भाग लेना बच्चों को आलोचनात्मक सोच विकसित करने, नवाचार को प्रोत्साहित करने और अपनी प्रतिभा को प्रदर्शित करने का एक मंच देता है। ये अनुभव व्यक्तिगत विकास के लिए ही नहीं, बल्कि भविष्य की शैक्षिक और व्यावसायिक सफलता के लिए भी मूल्यवान हैं।

रचनात्मक चुनौतियाँ और प्रतियोगिताओं का एक मुख्य लाभ संज्ञानात्मक विकास को प्रोत्साहित करना है। जब बच्चे इन गतिविधियों में भाग लेते हैं, तो उन्हें नए दृष्टिकोण से सोचने, रचनात्मक रूप से समस्याओं को हल करने और नवीन समाधान खोजने की आवश्यकता होती है। ये प्रक्रियाएँ मस्तिष्क के विभिन्न हिस्सों को सक्रिय करती हैं, संज्ञानात्मक लचीलेपन को बढ़ावा देती हैं और समस्या-समाधान क्षमताओं को मजबूत करती हैं। उदाहरण के लिए, एक विज्ञान मेले में भाग लेना बच्चों को प्रयोगों को डिजाइन करने, परिकल्पनाएँ बनाने और डेटा का विश्लेषण करने की आवश्यकता हो सकती है, जो उनके विश्लेषणात्मक और आलोचनात्मक सोच कौशल को मजबूत करता है। इसी तरह, लेखन प्रतियोगिता बच्चों को उनकी भाषा कौशल विकसित करने, उनके विचारों

को संरचित करने और अपने विचारों को स्पष्ट और रचनात्मक रूप से व्यक्त करने के लिए प्रोत्साहित करती है।

रचनात्मक चुनौतियाँ बच्चों को अपनी प्रतिभा का पता लगाने और विकसित करने का मंच भी प्रदान करती हैं। चाहे वह कला, संगीत, लेखन या विज्ञान हो, ये प्रतियोगिताएँ बच्चों को उनकी रुचि के क्षेत्रों में गहराई से उतरने और अपनी क्षमताओं का प्रदर्शन करने का अवसर देती हैं। यह केंद्रित अन्वेषण बच्चों को विशेष कौशल विकसित करने और अपनी प्रतिभा में आत्मविश्वास हासिल करने में मदद करता है। उदाहरण के लिए, एक कला प्रतियोगिता युवा कलाकार को अपनी तकनीकों को परिष्कृत करने और नए शैलीगत प्रयोग करने के लिए प्रेरित कर सकती है, जबकि एक रोबोटिक्स प्रतियोगिता एक नवोदित इंजीनियर को कोडिंग और यांत्रिक डिज़ाइन सीखने के लिए प्रेरित कर सकती है। ये अनुभव न केवल विशिष्ट कौशल को बढ़ाते हैं, बल्कि बच्चे की समग्र योग्यता और आत्म-मूल्य की भावना में भी योगदान करते हैं।

आत्म-सम्मान का निर्माण करना रचनात्मक चुनौतियों और प्रतियोगिताओं में भाग लेने का एक अन्य महत्वपूर्ण लाभ है। किसी चुनौती को सफलतापूर्वक पूरा करना या प्रतियोगिता जीतना उपलब्धि की भावना प्रदान करता है और बच्चे के आत्मविश्वास को बढ़ाता है। यहां तक कि जब बच्चे नहीं जीतते हैं, तब भी भाग लेने, अपना सर्वश्रेष्ठ देने और रचनात्मक प्रतिक्रिया प्राप्त करने की प्रक्रिया अत्यधिक सशक्त हो सकती है। यह उन्हें सिखाता है कि प्रयास और धैर्यवान बने रहना मूल्यवान है, चाहे परिणाम कुछ भी हो। यह मानसिकता बच्चों को लचीलापन और चुनौतियों के प्रति सकारात्मक दृष्टिकोण विकसित करने में मदद करती है, जो व्यक्तिगत और शैक्षिक सफलता के लिए आवश्यक लक्षण हैं।

रचनात्मक प्रतियोगिताएँ स्वस्थ प्रतिस्पर्धा की भावना को भी प्रोत्साहित करती हैं। सहायक और संरचित वातावरण में साथियों के साथ प्रतिस्पर्धा करना बच्चों को उत्कृष्टता के लिए प्रयास करने के महत्व को सिखाता है, जबकि सम्मान और खेल भावना बनाए रखना भी आवश्यक है। वे दूसरों की प्रतिभाओं और प्रयासों की सराहना करना सीखते हैं, जो सहानुभूति और सहयोग को बढ़ावा देता है। उदाहरण के लिए, एक वाद-विवाद प्रतियोगिता में, बच्चों को न केवल अपने तर्कों को प्रभावी ढंग से प्रस्तुत करना चाहिए, बल्कि विरोधी दृष्टिकोणों को सुनना और

सम्मान करना भी चाहिए। यह अनुभव उन्हें विभिन्न दृष्टिकोणों के महत्व और रचनात्मक संवाद की आवश्यकता को समझने में मदद करता है। निष्पक्ष और गरिमापूर्ण रूप से प्रतिस्पर्धा करना एक आवश्यक जीवन कौशल है जो बच्चों को वास्तविक दुनिया की प्रतिस्पर्धात्मकता के लिए तैयार करता है।

ये चुनौतियाँ और प्रतियोगिताएँ प्रतिक्रिया और सुधार के लिए मूल्यवान अवसर भी प्रदान करती हैं। न्यायाधीशों, मेंटर्स, और साथियों से रचनात्मक प्रतिक्रिया बच्चों को उनके मजबूत पक्षों और सुधार के क्षेत्रों को समझने में मदद करती है। यह प्रतिक्रिया व्यक्तिगत विकास के लिए महत्वपूर्ण है, क्योंकि यह बच्चों को उनके कौशल को सुधारने और उनके प्रदर्शन को बेहतर बनाने में मार्गदर्शन करती है। उदाहरण के लिए, एक लेखन प्रतियोगिता में कथा संरचना, व्याकरण, और रचनात्मकता पर विस्तृत प्रतिक्रिया शामिल हो सकती है, जो युवा लेखक को अपने लेखन कौशल को बेहतर बनाने में मदद करती है। प्रतिक्रिया को सकारात्मक रूप से स्वीकार करना और उपयोग करना बच्चों को सतत सुधार और आजीवन सीखने के महत्व को भी सिखाता है।

कई रचनात्मक चुनौतियों और प्रतियोगिताओं का सहयोगात्मक पहलू सीखने के अनुभव को और भी समृद्ध बनाता है। टीमों में काम करना, चाहे वह समूह परियोजना हो, नाटक प्रतियोगिता हो, या खेल आयोजन हो, बच्चों को मूल्यवान पारस्परिक कौशल सिखाता है। वे प्रभावी रूप से संवाद करना, कार्यों का विभाजन करना, और एक-दूसरे के प्रयासों का समर्थन करना सीखते हैं। ये अनुभव टीम वर्क और सहयोग को बढ़ावा देते हैं, जो व्यक्तिगत और व्यावसायिक दोनों संदर्भों में सफलता के लिए आवश्यक कौशल हैं। उदाहरण के लिए, एक टीम-आधारित विज्ञान प्रतियोगिता में भाग लेना बच्चों को अनुसंधान पर सहयोग करने, विचार साझा करने, और एक सामान्य लक्ष्य प्राप्त करने के लिए अपने प्रयासों को संयोजित करने की आवश्यकता होती है। यह सहयोगात्मक प्रक्रिया बच्चों को भाईचारे और सामूहिक उपलब्धि की भावना विकसित करने में मदद करती है।

इसके अतिरिक्त, रचनात्मक चुनौतियाँ और प्रतियोगिताएँ बच्चों को उनके कौशल और ज्ञान के वास्तविक दुनिया के अनुप्रयोगों से अवगत कराती हैं। वे सैद्धांतिक अवधारणाओं को व्यावहारिक परिदृश्यों में लागू करना सीखते हैं, जो उनकी समझ को गहरा करता है और सीखने को अधिक प्रासंगिक और आकर्षक

बनाता है। उदाहरण के लिए, एक गणित प्रतियोगिता में जटिल समस्याओं को हल करना या एल्गोरिदम विकसित करना शामिल हो सकता है, जो गणितीय अवधारणाओं की व्यावहारिक उपयोगिता को प्रदर्शित करता है। इसी तरह, एक व्यावसायिक प्रतियोगिता बच्चों को एक मार्केटिंग योजना विकसित करने या स्टार्टअप आइडिया लॉन्च करने की आवश्यकता हो सकती है, जो उन्हें उद्यमशीलता की दुनिया में अंतर्दृष्टि प्रदान करती है। ये वास्तविक दुनिया के अनुप्रयोग न केवल सीखने को बढ़ाते हैं बल्कि बच्चों को भविष्य के करियर में अपने हितों और जुनून को आगे बढ़ाने के लिए प्रेरित करते हैं।

रचनात्मक चुनौतियों और प्रतियोगिताओं में भागीदारी बच्चों को समय प्रबंधन और संगठनात्मक कौशल विकसित करने में भी मदद करती है। किसी प्रतियोगिता के लिए तैयारी करना अक्सर महत्वपूर्ण योजना, अभ्यास, और समर्पण की आवश्यकता होती है। बच्चे लक्ष्य निर्धारित करना, कार्यों को प्राथमिकता देना, और समय सीमा को पूरा करने के लिए अपने समय का प्रभावी ढंग से प्रबंधन करना सीखते हैं। ये कौशल जीवन के अन्य क्षेत्रों, जैसे अकादमिक कार्य और व्यक्तिगत परियोजनाओं, में स्थानांतरित किए जा सकते हैं। उदाहरण के लिए, एक संगीत प्रतियोगिता के लिए तैयारी करना अभ्यास का एक कार्यक्रम निर्धारित करने, नए टुकड़े सीखने, और प्रदर्शन तकनीकों को परिष्कृत करने की आवश्यकता हो सकती है, जो सभी सावधानीपूर्वक समय प्रबंधन और अनुशासन की मांग करते हैं। इन कौशलों को प्रारंभिक रूप से विकसित करना बच्चों को उच्च शिक्षा और व्यावसायिक जीवन की माँगों के लिए तैयार करता है।

बच्चों को विभिन्न प्रकार की चुनौतियों और प्रतियोगिताओं में भाग लेने के लिए प्रोत्साहित करना उनके दृष्टिकोण को व्यापक बना सकता है और उन्हें नई रुचियों और अवसरों से अवगत करा सकता है। विभिन्न गतिविधियों को आज़माने से बच्चे अपनी ताकत और प्राथमिकताओं की खोज कर सकते हैं, और यह खोज और विकास के नए रास्ते खोल सकता है। उदाहरण के लिए, एक कविता प्रतियोगिता में भाग लेने वाला बच्चा लेखन के प्रति जुनून खोज सकता है, जबकि एक कोडिंग प्रतियोगिता में भाग लेने वाला बच्चा कंप्यूटर विज्ञान में रुचि प्राप्त कर सकता है। ये विविध अनुभव बच्चे के विकास को समृद्ध करते हैं और एक बहुमुखी कौशल सेट में योगदान करते हैं।

माता-पिता और शिक्षक बच्चों को रचनात्मक चुनौतियों और प्रतियोगिताओं में भाग लेने में समर्थन देने में महत्वपूर्ण भूमिका निभाते हैं। प्रोत्साहन, संसाधन, और मार्गदर्शन प्रदान करना बच्चों को इन अनुभवों को सकारात्मक रूप से नेविगेट करने में मदद करता है। यह आवश्यक है कि एक ऐसा सहायक वातावरण बनाया जाए, जहाँ बच्चे चुनौतियों का सामना करने के लिए प्रेरित महसूस करें और असफलता के डर से हतोत्साहित न हों। एक विकासशील मानसिकता को प्रोत्साहित करना, जहाँ प्रयास और सीखने को जीत से अधिक महत्व दिया जाता है, बच्चों को लचीलापन और प्रतिस्पर्धा के प्रति सकारात्मक दृष्टिकोण विकसित करने में मदद करता है। उदाहरण के लिए, किसी बच्चे के प्रयास और सुधार की प्रशंसा करना, चाहे प्रतियोगिता का परिणाम कुछ भी हो, दृढ़ता और सीखने के महत्व को सुदृढ़ करता है।

इसके अलावा, माता-पिता और शिक्षक बच्चों की रुचियों और क्षमताओं के अनुसार प्रतियोगिताएँ चुनने में मदद कर सकते हैं। ऐसी गतिविधियों की पहचान करना जो बच्चे के जुनून के अनुकूल हों, यह सुनिश्चित करता है कि अनुभव आनंददायक और सार्थक हो। यह भी सुनिश्चित करना महत्वपूर्ण है कि प्रतियोगिता का स्तर बच्चे की उम्र और कौशल स्तर के लिए उपयुक्त हो, क्योंकि इससे आत्मविश्वास का निर्माण होता है और सकारात्मक अनुभव प्रदान होता है। उदाहरण के लिए, एक युवा कलाकार स्थानीय कला प्रतियोगिताओं में भाग लेने से लाभान्वित हो सकता है, इससे पहले कि वह राष्ट्रीय या अंतरराष्ट्रीय प्रतियोगिताओं में प्रगति करे। यह क्रमिक प्रगति बच्चों को समय के साथ अपने कौशल और आत्मविश्वास का निर्माण करने में मदद करती है।

प्रतियोगिताओं के बाद चिंतन और सीखने के लिए अवसर प्रदान करना भी आवश्यक है। बच्चों को उनके अनुभवों पर चिंतन करने, यह पहचानने के लिए प्रोत्साहित करना कि उन्होंने क्या सीखा और भविष्य में वे कैसे सुधार कर सकते हैं, निरंतर विकास और विकास की मानसिकता को बढ़ावा देता है। यह चिंतन चर्चाओं, जर्नलिंग, या उनके कार्यों का एक पोर्टफोलियो बनाने के रूप में हो सकता है। उदाहरण के लिए, एक वाद-विवाद प्रतियोगिता के बाद, बच्चे अपनी तैयारी, प्रदर्शन, और प्रतिक्रिया पर विचार कर सकते हैं, और भविष्य में सुधार के लिए लक्ष्य निर्धारित कर सकते हैं। यह चिंतनशील अभ्यास बच्चों को उनकी सीखने की प्रक्रिया को आंतरिक बनाने और इसे भविष्य की चुनौतियों पर लागू करने में

मदद करता है।

अंत में, बच्चों की उपलब्धियों और प्रयासों का जश्न मनाना रचनात्मक चुनौतियों और प्रतियोगिताओं के मूल्य को सुदृढ़ करने के लिए महत्वपूर्ण है। उनकी कड़ी मेहनत, रचनात्मकता, और उपलब्धियों को मान्यता देना और उनका उत्सव मनाना उनके आत्मसम्मान को बढ़ाता है और उन्हें अपनी रुचियों का पीछा करते रहने के लिए प्रेरित करता है। यह उत्सव विभिन्न रूपों में हो सकता है, जैसे पुरस्कार समारोह, प्रदर्शनियां, या पारिवारिक आयोजन, और यह बच्चे की प्रतिबद्धता और सफलता को स्वीकार करने का अवसर प्रदान करता है। उदाहरण के लिए, बच्चे की कलाकृतियों को प्रदर्शित करने के लिए एक कला प्रदर्शनी आयोजित करना या उनके संगीत कौशल को दिखाने के लिए एक प्रस्तुति आयोजित करना गर्व और उपलब्धि की भावना पैदा करता है।

रचनात्मक चुनौतियाँ और प्रतियोगिताएँ बच्चों के विकास के लिए कई लाभ प्रदान करती हैं, जिनमें संज्ञानात्मक वृद्धि, कौशल विकास, आत्म-सम्मान, और सामाजिक संपर्क शामिल हैं। ये गतिविधियाँ आलोचनात्मक सोच, नवाचार, और स्वस्थ प्रतिस्पर्धा की भावना को प्रोत्साहित करती हैं, बच्चों को भविष्य की शैक्षिक और व्यावसायिक सफलता के लिए तैयार करती हैं। अन्वेषण के अवसर प्रदान करके, समर्थन और प्रोत्साहन देकर, एक विकास मानसिकता को बढ़ावा देकर, और उपलब्धियों का जश्न मनाकर, माता-पिता और शिक्षक बच्चों को इन अनुभवों में उत्कृष्टता प्राप्त करने में मदद कर सकते हैं। रचनात्मक चुनौतियों और प्रतियोगिताओं में भागीदारी के माध्यम से, बच्चे अपने जुनून का पीछा करने और अपनी पूर्ण क्षमता प्राप्त करने के लिए आवश्यक कौशल, आत्मविश्वास, और लचीलापन विकसित करते हैं।

"अन्वेषण और खोज के अवसर प्रदान करना बच्चों को उनके जुनून को खोजने में मदद करता है। यह उन्हें उत्साह के साथ अपनी रुचियों का पालन करने की अनुमति देता है। आत्म-खोज की यह यात्रा व्यक्तिगत विकास के लिए आवश्यक है।"

18

रचनात्मक उपलब्धियों का जश्न मनाना

बच्चों में रचनात्मक उपलब्धियों का जश्न मनाना उनके विकास और प्रगति को प्रोत्साहित करने का एक महत्वपूर्ण पहलू है। उनकी रचनात्मक कोशिशों को पहचानना और सम्मान देना न केवल उनके आत्मसम्मान को बढ़ाता है, बल्कि उन्हें रचनात्मक गतिविधियों में आगे बढ़ने और अन्वेषण करने के लिए प्रेरित भी करता है। ये समारोह बच्चों को अपनी प्रतिभा दिखाने, सकारात्मक प्रतिक्रिया प्राप्त करने, और अपने प्रयासों के लिए मूल्यवान महसूस करने का एक मंच प्रदान करते हैं। ऐसी मान्यताएँ बच्चों के जुनून और दृढ़ता को पोषित करने, उपलब्धि की भावना को विकसित करने और रचनात्मकता के प्रति आजीवन प्रेम को बढ़ावा देने में सहायक होती हैं।

रचनात्मक उपलब्धियों का जश्न मनाने के मुख्य लाभों में से एक बच्चों के आत्मसम्मान और आत्मविश्वास पर इसका सकारात्मक प्रभाव है। जब बच्चे देखते हैं कि उनकी रचनात्मक कोशिशों को पहचाना और सराहा जा रहा है, तो वे गर्व और संतुष्टि महसूस करते हैं। यह मान्यता उनके क्षमताओं पर विश्वास को मजबूत करती है और उन्हें अपनी रुचियों को आगे बढ़ाने के लिए प्रेरित करती है। उदाहरण के लिए, किसी बच्चे की कलाकृति को घर में या स्कूल की गैलरी जैसी सार्वजनिक जगह पर प्रमुखता से प्रदर्शित करना एक शक्तिशाली संदेश देता है कि उनके काम को महत्व दिया जाता है। यह स्पष्ट मान्यता बच्चों को अधिक रचनात्मक जोखिम लेने और स्वयं को स्वतंत्र रूप से व्यक्त करने के लिए प्रेरित

कर सकती है।

जश्न के माध्यम से रचनात्मकता को प्रोत्साहित करना आंतरिक प्रेरणा को भी बढ़ावा देता है। वे बच्चे जो अपनी रचनात्मक कोशिशों के जश्न से मिलने वाले आनंद का अनुभव करते हैं, वे रचनात्मक गतिविधियों में सिर्फ आनंद और संतुष्टि के लिए शामिल होने की अधिक संभावना रखते हैं, बजाय बाहरी पुरस्कारों के। यह आंतरिक प्रेरणा निरंतर सहभागिता और गहरे सीखने के लिए महत्वपूर्ण है। उदाहरण के लिए, जो बच्चा कहानियाँ लिखने का शौक रखता है, वह परिवार के साथ पढ़ने की रात या स्कूल की पत्रिका में प्रकाशित होकर अपनी रचनाओं को जश्न के रूप में देखता है, तो वह और अधिक लिखने के लिए प्रेरित होता है। यह प्रेरणा बच्चों को रचनात्मक खोजों के प्रति वास्तविक प्रेम विकसित करने में मदद करती है, जो आजीवन शौक या यहां तक कि रचनात्मक क्षेत्रों में करियर की ओर ले जा सकती है।

रचनात्मक उपलब्धियों का जश्न एक विकासशील मानसिकता को भी बढ़ावा देता है, जिसमें बच्चे यह समझते हैं कि प्रयास और दृढ़ता सुधार और सफलता की ओर ले जाते हैं। निर्माण की प्रक्रिया पर ध्यान केंद्रित करके, न कि केवल अंतिम उत्पाद पर, ऐसे जश्न यह उजागर कर सकते हैं कि कड़ी मेहनत और समर्पण का महत्व क्या है। यह दृष्टिकोण बच्चों को यह सराहना करने में मदद करता है कि रचनात्मकता में प्रयास, प्रयोग और गलतियों से सीखना शामिल है। उदाहरण के लिए, एक बच्चा जो वाद्य यंत्र बजाना सीख रहा है, उसे केवल एक त्रुटिहीन प्रदर्शन के लिए नहीं बल्कि उसके नियमित अभ्यास और समय के साथ हुई प्रगति के लिए भी सराहा जा सकता है। विकास और प्रयास पर यह जोर बच्चों को चुनौतियों का सामना करने और असफलताओं के बावजूद आगे बढ़ने के लिए प्रोत्साहित करता है।

इसके अलावा, रचनात्मक उपलब्धियों का जश्न मनाना स्वयं रचनात्मकता के मूल्य को मजबूत करने में मदद करता है। एक ऐसी दुनिया में, जो अक्सर मानकीकृत परीक्षणों और शैक्षणिक उपलब्धियों को प्राथमिकता देती है, यह दिखाना महत्वपूर्ण है कि रचनात्मकता को भी अत्यधिक महत्व दिया जाता है और यह मान्यता के योग्य है। यह मान्यता बच्चों को उनकी रचनात्मक क्षमता का पता लगाने और इसे उनके व्यक्तित्व का एक महत्वपूर्ण हिस्सा मानने के लिए

प्रोत्साहित कर सकती है। उदाहरण के लिए, स्कूल जो वार्षिक प्रतिभा शो, कला मेले, या रचनात्मक लेखन प्रतियोगिताओं का आयोजन करते हैं, वे स्पष्ट संदेश देते हैं कि रचनात्मक प्रयास शैक्षणिक उपलब्धियों जितने ही महत्वपूर्ण हैं। यह संतुलन बच्चों को आत्म-अधिकार का एक व्यापक अर्थ विकसित करने और यह पहचानने में मदद करता है कि वे विभिन्न तरीकों से दुनिया में योगदान कर सकते हैं।

जश्न सामाजिक संबंध और सामुदायिक निर्माण के अवसर भी प्रदान करते हैं। जब बच्चों की रचनात्मक उपलब्धियों को पारिवारिक आयोजनों, स्कूल के कार्यक्रमों, या सामुदायिक उत्सवों जैसे सामूहिक आयोजनों में मनाया जाता है, तो यह जुड़ाव और सामूहिक गर्व की भावना को बढ़ावा देता है। ऐसे कार्यक्रम बच्चों को अपना काम दूसरों के साथ साझा करने, सकारात्मक प्रतिक्रिया प्राप्त करने और अपनी रचनात्मकता के प्रभाव को अपने समुदाय पर देखने का अवसर देते हैं। उदाहरण के लिए, बच्चों की भागीदारी वाला एक सामुदायिक थिएटर प्रदर्शन परिवारों, दोस्तों, और पड़ोसियों को एक साथ ला सकता है, जिससे एक ऐसा सहायक वातावरण तैयार होता है जहाँ बच्चों की प्रतिभा का जश्न मनाया जाता है और उसकी सराहना की जाती है। ये सामूहिक समारोह सामाजिक बंधनों को मजबूत करते हैं और स्थायी यादें बनाते हैं।

रचनात्मक उपलब्धियों का जश्न मनाने का एक और महत्वपूर्ण पहलू चिंतन और आत्म-मूल्यांकन को प्रोत्साहित करना है। बच्चों को जश्न की प्रक्रिया में शामिल करने, जैसे उन्हें अपना काम प्रस्तुत करने, उनकी रचनात्मक प्रक्रिया को समझाने, या यह साझा करने के लिए कहना कि उन्होंने क्या सीखा, से बच्चों को उनके विकास और उपलब्धियों की गहरी समझ विकसित करने में मदद मिलती है। यह चिंतन उन्हें उनकी ताकत को पहचानने और आगे के विकास के क्षेत्रों की पहचान करने में सक्षम बनाता है। उदाहरण के लिए, एक स्कूल विज्ञान मेले के बाद, बच्चों को अपने प्रोजेक्ट पर चर्चा करने, जिन चुनौतियों का उन्होंने सामना किया और उन्हें कैसे दूर किया, इस पर बात करने के लिए प्रोत्साहित किया जा सकता है। यह चिंतनशील अभ्यास आत्म-जागरूकता को बढ़ाता है और निरंतर सुधार की मानसिकता को पोषित करता है।

माता-पिता और शिक्षक बच्चों की रचनात्मक उपलब्धियों का जश्न मनाने के

अवसर प्रदान करने में महत्वपूर्ण भूमिका निभाते हैं। साधारण लेकिन सार्थक इशारे, जैसे मौखिक प्रशंसा देना, प्रोत्साहन भरे नोट लिखना, या बच्चों के काम को प्रदर्शित करने के लिए समर्पित स्थान बनाना, गहरी छाप छोड़ सकते हैं। उदाहरण के लिए, घर या कक्षा में "वॉल ऑफ फेम" बनाना, जहाँ बच्चों के रचनात्मक कार्य प्रदर्शित किए जाते हैं, उनकी उपलब्धियों और संभावनाओं की निरंतर याद दिलाने का काम करता है। इसके अतिरिक्त, पुरस्कार समारोह, प्रदर्शनियां, या प्रस्तुतियाँ जैसे विशेष कार्यक्रमों का आयोजन करना औपचारिक मान्यता प्रदान करता है और बड़े स्तर पर बच्चों की रचनात्मकता का जश्न मनाता है।

तकनीक का उपयोग भी रचनात्मक उपलब्धियों का जश्न मनाने के लिए किया जा सकता है। डिजिटल प्लेटफ़ॉर्म, जैसे सोशल मीडिया, ब्लॉग्स, और ऑनलाइन पोर्टफोलियो, बच्चों के काम को व्यापक दर्शकों तक प्रदर्शित करने के नए और रोमांचक तरीके प्रदान करते हैं। बच्चों की रचनात्मक परियोजनाओं को ऑनलाइन साझा करना उन्हें साथियों, शिक्षकों और विभिन्न स्थानों पर रहने वाले परिवार के सदस्यों से प्रतिक्रिया प्राप्त करने की अनुमति देता है। उदाहरण के लिए, एक बच्चा जो डिजिटल कला बनाता है, अपने काम को सोशल मीडिया पर साझा कर सकता है और वैश्विक दर्शकों से लाइक्स, टिप्पणियाँ और शेयर प्राप्त कर सकता है। यह ऑनलाइन मान्यता उनके आत्मविश्वास को बढ़ा सकती है और उनके कौशल को विकसित करने के लिए प्रेरित कर सकती है।

इसके अलावा, रचनात्मक उपलब्धियों का जश्न बच्चों को उनकी रचनात्मकता के वास्तविक दुनिया के अनुप्रयोगों और प्रासंगिकता को देखने में मदद करता है। जब उनके काम को पहचाना और सराहा जाता है, तो बच्चे समझते हैं कि उनके रचनात्मक प्रयास व्यक्तिगत संतोष से परे एक महत्वपूर्ण प्रभाव डाल सकते हैं। उदाहरण के लिए, जो बच्चा एक प्रेरणादायक कहानी लिखता है या एक अभिनव परियोजना डिजाइन करता है, उसे स्थानीय समाचार पत्र में प्रकाशन या सामुदायिक पुरस्कार कार्यक्रम में मान्यता के माध्यम से जश्न के रूप में देखा जा सकता है। यह मान्यता बच्चों को उनकी रचनात्मकता के व्यापक महत्व को देखने और अपनी प्रतिभा का उपयोग दुनिया में सकारात्मक बदलाव लाने के लिए प्रेरित करती है।

को महत्व देकर, हम यह स्वीकार करते हैं कि प्रत्येक बच्चे के पास अद्वितीय

प्रतिभाएँ और योगदान देने की क्षमता है। ऐसे जश्न जो रचनात्मक अभिव्यक्ति की एक विस्तृत श्रृंखला को उजागर करते हैं—दृश्य कला और संगीत से लेकर नृत्य, नाटक, और रचनात्मक लेखन तक—यह सुनिश्चित करते हैं कि सभी बच्चों को मूल्यवान और शामिल महसूस हो। उदाहरण के लिए, एक स्कूल जो कला प्रदर्शनियों, संगीत कार्यक्रमों, नाटक प्रदर्शनों और साहित्यिक पत्रिकाओं जैसे विभिन्न क्लबों और कार्यक्रमों के माध्यम से रचनात्मकता का जश्न मनाता है, बच्चों को अपनी प्रतिभा दिखाने के लिए कई मंच प्रदान करता है। यह समावेशी दृष्टिकोण बच्चों को उनके अद्वितीय योगदान के लिए पहचाना और सराहा जाने का एहसास कराता है।

सहपाठियों द्वारा मान्यता और समर्थन को प्रोत्साहित करना रचनात्मक उपलब्धियों का जश्न मनाने का एक और महत्वपूर्ण पहलू है। जब बच्चे एक-दूसरे की सफलताओं का जश्न मनाते हैं, तो यह एक सकारात्मक और सहायक वातावरण को बढ़ावा देता है, जहाँ हर कोई प्रेरित और उत्साहित महसूस करता है। सहपाठियों की मान्यता को सहयोगात्मक परियोजनाओं, समूह प्रदर्शनियों, और सहपाठी प्रतिक्रिया सत्रों के माध्यम से प्रोत्साहित किया जा सकता है। उदाहरण के लिए, एक कक्षा जहाँ छात्र नियमित रूप से अपने रचनात्मक कार्य को साझा करते हैं और एक-दूसरे को सकारात्मक प्रतिक्रिया प्रदान करते हैं, आपसी सम्मान और प्रोत्साहन की संस्कृति को बढ़ावा देती है। यह सहपाठियों का समर्थन बच्चों को उनकी क्षमताओं में अधिक आत्मविश्वास महसूस करने और अपनी रचनात्मक रुचियों का पीछा करने के लिए प्रेरित करता है।

अंततः, रचनात्मक उपलब्धियों का जश्न मनाना आजीवन रचनात्मकता और नवाचार की नींव रखता है। जब बच्चे अपनी रचनात्मक कोशिशों के लिए पहचाने जाने का आनंद और संतोष अनुभव करते हैं, तो वे अपने जीवन भर रचनात्मक गतिविधियों में लगे रहने की अधिक संभावना रखते हैं। रचनात्मकता में यह निरंतर सहभागिता व्यक्तिगत संतोष, व्यावसायिक सफलता, और सार्थक तरीकों से समाज में योगदान करने की क्षमता को बढ़ावा देती है। उदाहरण के लिए, वे बच्चे जो अपनी रचनात्मकता के लिए प्रोत्साहित और सराहे जाते हैं, वे कलाकार, लेखक, आविष्कारक, या उद्यमी बन सकते हैं, जो अपनी प्रतिभा का उपयोग नवाचार और सकारात्मक बदलाव लाने के लिए करते हैं।

बच्चों में रचनात्मक उपलब्धियों का जश्न मनाना उनके विकास, प्रगति और भलाई को बढ़ावा देने के लिए आवश्यक है। उनकी रचनात्मक कोशिशों को मान्यता और सम्मान देना आत्मसम्मान को बढ़ाता है, आंतरिक प्रेरणा को प्रोत्साहित करता है, एक विकासशील मानसिकता को बढ़ावा देता है, और रचनात्मकता के मूल्य को मजबूत करता है। जश्न सामाजिक जुड़ाव, सामुदायिक निर्माण, चिंतन, और आत्म-मूल्यांकन के अवसर प्रदान करते हैं। माता-पिता, शिक्षक, और समुदाय बच्चों की रचनात्मक उपलब्धियों का जश्न मनाने, तकनीक का लाभ उठाने, और समानता और समावेशन को बढ़ावा देने के अवसर प्रदान करने में महत्वपूर्ण भूमिका निभाते हैं।

रचनात्मकता का जश्न मनाकर, हम बच्चों को उनके जुनून का पता लगाने, उनकी प्रतिभा को विकसित करने, और सार्थक तरीकों से दुनिया में योगदान करने के लिए प्रेरित करते हैं। इस पहचान और जश्न के माध्यम से, हम आत्मविश्वास, नवाचार, और संतुष्टि से भरपूर व्यक्तियों की एक पीढ़ी को पोषित करते हैं, जो अपने जीवन का एक महत्वपूर्ण और मूल्यवान हिस्सा रचनात्मकता को मानते हैं।

"एक सहायक और पोषणकारी वातावरण रचनात्मकता को प्रोत्साहित करने के लिए महत्वपूर्ण है। यह बच्चों को अन्वेषण करने की स्वतंत्रता और स्वयं को व्यक्त करने का आत्मविश्वास देता है। ऐसे वातावरण में, उनकी संभावनाएँ असीम होती हैं।"

19
सारांश

बचपन के दौरान, अनेक गतिविधियाँ और प्रभाव एक बच्चे के विकास को आकार देते हैं, जो संज्ञानात्मक, भावनात्मक, सामाजिक और शारीरिक वृद्धि को बढ़ावा देते हैं। रचनात्मक और बौद्धिक प्रयासों के विभिन्न पहलुओं का पता लगाकर, बच्चे आवश्यक कौशल प्राप्त करते हैं और आजीवन सीखने और सफलता की नींव रखते हैं। इस व्यापक यात्रा के दौरान बच्चों के विकास में रचनात्मकता को प्रोत्साहित करने, उपलब्धियों का जश्न मनाने और व्यक्तिगत रुचियों का समर्थन करने का महत्व उजागर होता है, जबकि संरचना और स्वतंत्रता के बीच संतुलन बनाए रखना भी आवश्यक है।

बच्चों के विकास को पोषित करने का एक महत्वपूर्ण पहलू विभिन्न गतिविधियों में रचनात्मकता की भूमिका है, जैसे खाना बनाना, बेकिंग करना, भूमिका निभाना और नाटक। ये गतिविधियाँ संज्ञानात्मक विकास को उत्तेजित करती हैं, समस्या-समाधान क्षमताओं को बढ़ाती हैं और भावनात्मक कल्याण को बढ़ावा देती हैं। उदाहरण के लिए, रचनात्मक खाना पकाने और बेकिंग बच्चों को बारीक मोटर कौशल विकसित करने, गणित और विज्ञान की अवधारणाओं का अभ्यास करने और पाक परंपराओं के माध्यम से विभिन्न संस्कृतियों का पता लगाने का अवसर प्रदान करते हैं। इसी तरह, भूमिका निभाना और नाटक बच्चों को अपनी भावनाओं को व्यक्त करने, सहानुभूति विकसित करने और विभिन्न भूमिकाओं और परिदृश्यों के माध्यम से संचार कौशल विकसित करने की अनुमति देता है।

रचनात्मक गतिविधियों के अलावा, सवालों की शक्ति बच्चों के संज्ञानात्मक और

भावनात्मक विकास में महत्वपूर्ण भूमिका निभाती है। बच्चों को सवाल पूछने के लिए प्रोत्साहित करना जिज्ञासा को बढ़ावा देता है, सीखने को प्रेरित करता है और उन्हें आलोचनात्मक सोच कौशल विकसित करने में मदद करता है। ऐसा वातावरण बनाकर जो पूछताछ को महत्व देता है और समर्थन करता है, माता-पिता और शिक्षक बच्चों की प्राकृतिक जिज्ञासा को पोषित कर सकते हैं और उन्हें सक्रिय, संलग्न शिक्षार्थी बनने में मदद कर सकते हैं। यह दृष्टिकोण न केवल उनकी दुनिया की समझ को बढ़ाता है बल्कि उनका आत्मविश्वास और लचीलापन भी बनाता है।

संरचना और स्वतंत्रता के बीच संतुलन बनाए रखना बच्चों के विकास का समर्थन करने का एक और आवश्यक पहलू है। दिनचर्या और स्पष्ट अपेक्षाओं वाले स्थिर वातावरण प्रदान करना बच्चों को सुरक्षित महसूस करने और सीमाओं को समझने में मदद करता है। साथ ही, उन्हें अपनी रुचियों का पता लगाने और चुनाव करने की स्वतंत्रता देना स्वतंत्रता, रचनात्मकता और व्यक्तिगत विकास को बढ़ावा देता है। यह संतुलन बच्चों को आत्म-अनुशासन, समय प्रबंधन कौशल और जिम्मेदारी की भावना विकसित करने में मदद करने के लिए महत्वपूर्ण है, जबकि उन्हें जोखिम लेने और अपने अनुभवों से सीखने के लिए भी प्रोत्साहित करता है।

व्यक्तिगत रुचियों का समर्थन करना बच्चों के जुनून को पोषित करने और सीखने के प्रति प्रेम को बढ़ावा देने के लिए महत्वपूर्ण है। प्रत्येक बच्चे की अनूठी प्राथमिकताओं को पहचानने और महत्व देने, अन्वेषण के लिए संसाधन और अवसर प्रदान करने, और प्रोत्साहन और सकारात्मक सुदृढ़ीकरण प्रदान करने से माता-पिता और शिक्षक बच्चों को उनकी प्रतिभा विकसित करने और आत्मविश्वास बनाने में मदद कर सकते हैं। यह दृष्टिकोण न केवल विशिष्ट क्षेत्रों में उनके कौशल को बढ़ाता है बल्कि उद्देश्य और आंतरिक प्रेरणा की भावना को भी बढ़ावा देता है, जो आजीवन सीखने और व्यक्तिगत पूर्ति के लिए आवश्यक हैं।

रचनात्मक चुनौतियाँ और प्रतियोगिताएँ बच्चों को अपनी प्रतिभा दिखाने, प्रतिक्रिया प्राप्त करने और लचीलापन बनाने के लिए मूल्यवान अवसर प्रदान करती हैं। इन गतिविधियों में भाग लेने से बच्चों को आलोचनात्मक सोच कौशल विकसित करने, नवाचार को प्रोत्साहित करने और स्वस्थ प्रतिस्पर्धा की भावना को बढ़ावा देने में मदद मिलती है। ये अनुभव सहयोग, सामाजिक संपर्क, और

उनके कौशल और ज्ञान के वास्तविक दुनिया के अनुप्रयोगों के लिए भी अवसर प्रदान करते हैं। बच्चों को रचनात्मक चुनौतियों और प्रतियोगिताओं में भाग लेने के लिए समर्थन देकर, माता-पिता और शिक्षक उन्हें आत्मविश्वास बनाने, विकासशील मानसिकता विकसित करने, और भविष्य की शैक्षिक और व्यावसायिक सफलता के लिए तैयार करने में मदद कर सकते हैं।

विभिन्न संस्कृतियों का अन्वेषण करना बचपन के विकास का एक और महत्वपूर्ण पहलू है, जो सांस्कृतिक जागरूकता, सहानुभूति, और खुलेपन को बढ़ावा देता है। विविध परंपराओं, भाषाओं, व्यंजनों, और इतिहासों के संपर्क में आने से बच्चों को व्यापक दृष्टिकोण और सांस्कृतिक विविधता के लिए गहरी सराहना विकसित करने में मदद मिलती है। यह अन्वेषण जिज्ञासा और विभिन्न दृष्टिकोणों के प्रति सम्मान की भावना को बढ़ावा देता है, जिससे उनके सामाजिक और भावनात्मक कौशल में सुधार होता है। बच्चों को विभिन्न संस्कृतियों के बारे में जानने और उनसे जुड़ने के अवसर प्रदान करके, माता-पिता और शिक्षक उन्हें एक सूचित और सहानुभूतिपूर्ण वैश्विक नागरिक बनने में मदद कर सकते हैं।

प्रकृति और बाहरी अन्वेषण भी बच्चों के विकास में महत्वपूर्ण भूमिका निभाते हैं, जो शारीरिक, संज्ञानात्मक, भावनात्मक और सामाजिक लाभ प्रदान करते हैं। प्रकृति में समय बिताना और प्राकृतिक दुनिया से जुड़ना बच्चों को शारीरिक कौशल विकसित करने, लचीलापन बनाने और प्राकृतिक पर्यावरण का अन्वेषण करने की अनुमति देता है। ये गतिविधियाँ आश्चर्य और जिज्ञासा की भावना को बढ़ावा देती हैं, जिससे सीखने और पर्यावरणीय संरक्षण के प्रति प्रेम बढ़ता है। बच्चों को प्रकृति में समय बिताने और बाहरी अन्वेषण के लिए अवसर प्रदान करने से वे पर्यावरण के साथ गहरा संबंध और इसके संरक्षण के प्रति जिम्मेदारी की भावना विकसित करते हैं।

कहानी सुनाना और रचनात्मक लेखन बच्चों के भाषा कौशल को बढ़ाने, कल्पना को उत्तेजित करने और भावनात्मक विकास को बढ़ावा देने के लिए शक्तिशाली उपकरण हैं। इन गतिविधियों में भाग लेने से बच्चे समृद्ध शब्दावली, वाक्य संरचना और व्याकरण को समझने और अपने विचारों और भावनाओं को व्यक्त करने में सक्षम होते हैं। कहानी सुनाना और रचनात्मक लेखन भी आलोचनात्मक सोच और समस्या-समाधान कौशल को प्रोत्साहित करते हुए संज्ञानात्मक विकास

को बढ़ावा देते हैं। बच्चों को अपनी कहानियाँ बनाने और साझा करने के अवसर प्रदान करके, माता-पिता और शिक्षक उनमें साहित्य और संवाद के प्रति प्रेम विकसित कर सकते हैं, जिससे उनका समग्र विकास बढ़ता है।

संगीत और गति गतिविधियाँ बच्चों के शारीरिक, संज्ञानात्मक, भावनात्मक, और सामाजिक विकास के लिए आवश्यक हैं। ये गतिविधियाँ बच्चों को मोटर कौशल, समन्वय, और संतुलन विकसित करने में मदद करती हैं, साथ ही मस्तिष्क विकास को उत्तेजित करती हैं और भाषा कौशल को बढ़ाती हैं। संगीत और गति आत्म-अभिव्यक्ति और भावनात्मक विनियमन के लिए मूल्यवान अवसर प्रदान करते हैं, जिससे कल्याण और खुशी की भावना बढ़ती है। इसके अतिरिक्त, ये गतिविधियाँ सामाजिक संपर्क और सहयोग को प्रोत्साहित करती हैं, जिससे बच्चे सहानुभूति, सहयोग, और दूसरों के प्रति सम्मान जैसे महत्वपूर्ण सामाजिक कौशल विकसित करते हैं।

कला और शिल्प गतिविधियाँ बच्चों के विकास के लिए कई लाभ प्रदान करती हैं, रचनात्मकता, बारीक मोटर कौशल, और भावनात्मक अभिव्यक्ति को बढ़ावा देती हैं। इन गतिविधियों में भाग लेने से बच्चे अपनी कल्पना का पता लगाने, अपनी कलात्मक प्रतिभा को विकसित करने और एक सुरक्षित और सहायक वातावरण में अपनी भावनाओं को व्यक्त करने में सक्षम होते हैं। कला और शिल्प गतिविधियाँ समस्या-समाधान, आलोचनात्मक सोच, और स्थानिक जागरूकता को प्रोत्साहित करके संज्ञानात्मक विकास को भी बढ़ावा देती हैं। रचनात्मक अन्वेषण के लिए विभिन्न सामग्री और अवसर प्रदान करके, माता-पिता और शिक्षक बच्चों में कला और रचनात्मकता के प्रति प्रेम विकसित कर सकते हैं, जिससे उनका समग्र विकास बढ़ता है।

कल्पनाशील खेल और भूमिका निभाना बच्चों के सामाजिक और भावनात्मक विकास के लिए अत्यंत महत्वपूर्ण है, क्योंकि यह उन्हें विभिन्न दृष्टिकोणों का पता लगाने, सहानुभूति विकसित करने, और संचार कौशल बनाने के अवसर प्रदान करता है। कल्पनाशील खेल में शामिल होना बच्चों को अपनी भावनाओं को समझने और प्रबंधित करने में मदद करता है, जिससे भावनात्मक बुद्धिमत्ता और लचीलापन को बढ़ावा मिलता है। ये गतिविधियाँ सामाजिक संपर्क और सहयोग को भी प्रोत्साहित करती हैं, जिससे बच्चे महत्वपूर्ण पारस्परिक कौशल विकसित

करते हैं। कल्पनाशील खेल के लिए अवसर पैदा करके और एक सहायक वातावरण प्रदान करके, माता-पिता और शिक्षक बच्चों को आत्म-जागरूकता विकसित करने और स्वस्थ संबंध बनाने में मदद कर सकते हैं।

निर्माण और निर्माण का खेल बच्चों के शारीरिक, संज्ञानात्मक, और सामाजिक विकास के लिए आवश्यक है, क्योंकि यह उन्हें अपनी रचनात्मकता का पता लगाने, समस्याओं को हल करने, और मोटर कौशल विकसित करने के अवसर प्रदान करता है। इन गतिविधियों में भाग लेने से बच्चे स्थानिक जागरूकता, कारण और प्रभाव की समझ, और आलोचनात्मक और विश्लेषणात्मक सोच क्षमताओं को विकसित करते हैं। निर्माण और निर्माण का खेल सहयोग और टीम वर्क को भी बढ़ावा देता है, जिससे बच्चे संवाद, सहयोग, और संघर्ष समाधान जैसे महत्वपूर्ण सामाजिक कौशल विकसित करते हैं। निर्माण और निर्माण गतिविधियों के लिए विभिन्न सामग्री और अवसर प्रदान करके, माता-पिता और शिक्षक बच्चों में अन्वेषण और रचनात्मकता के प्रति प्रेम विकसित कर सकते हैं।

विकासशील मानसिकता का समर्थन करना बच्चों के विकास के लिए महत्वपूर्ण है, क्योंकि यह उन्हें यह समझने में मदद करता है कि क्षमताएँ और बुद्धिमत्ता प्रयास, दृढ़ता, और सीखने के माध्यम से विकसित की जा सकती हैं। विकासशील मानसिकता को प्रोत्साहित करने में विकास के सिद्धांतों के बारे में बच्चों को शिक्षित करना, विकास-केंद्रित भाषा और प्रशंसा का उपयोग करना, सकारात्मक दृष्टिकोण का प्रदर्शन करना, और अन्वेषण और सीखने के लिए एक सहायक वातावरण प्रदान करना शामिल है। यह दृष्टिकोण बच्चों को लचीलापन, चुनौतियों के प्रति सकारात्मक दृष्टिकोण, और सीखने के प्रति प्रेम विकसित करने में मदद करता है, जो उनके समग्र विकास और भलाई को बढ़ाता है।

तकनीक और डिजिटल रचनात्मकता समकालीन बचपन के विकास में महत्वपूर्ण भूमिका निभाती है, जो संज्ञानात्मक, भावनात्मक, सामाजिक, और तकनीकी विकास के लिए कई लाभ प्रदान करती है। रचनात्मक उपकरणों तक पहुँच प्रदान करना, सहयोगात्मक परियोजनाओं को प्रोत्साहित करना, और शिक्षा में डिजिटल रचनात्मकता को एकीकृत करना बच्चों को डिजिटल दुनिया की पूरी क्षमता का उपयोग करने में मदद करता है। स्क्रीन टाइम और व्यावहारिक, वास्तविक दुनिया के अनुभवों के बीच संतुलन बनाकर, तकनीकी प्रगति के बारे में सूचित रहते

हुए, और बच्चों की डिजिटल रचनाओं का जश्न मनाकर, माता-पिता और शिक्षक उनके विकास और प्रगति का एक गतिशील और समृद्ध तरीका सुनिश्चित कर सकते हैं।

सहयोग और टीम वर्क बच्चों के विकास के लिए आवश्यक कौशल हैं, जो उन्हें सामाजिक गतिशीलता को नेविगेट करने, मजबूत रिश्ते बनाने, और सामान्य लक्ष्यों को प्राप्त करने में मदद करते हैं। सहयोगात्मक गतिविधियों में भाग लेना बच्चों को संवाद, सहयोग, और सहानुभूति के महत्व को सिखाता है। ये अनुभव जुड़ाव और सामुदायिक भावना को बढ़ावा देते हैं, जिससे उनके सामाजिक और भावनात्मक कौशल में सुधार होता है। सार्थक सहयोग के अवसर पैदा करके, मार्गदर्शन और प्रतिक्रिया प्रदान करके, और प्रभावी टीम वर्क का प्रदर्शन करके, माता-पिता और शिक्षक बच्चों को इन महत्वपूर्ण कौशलों को विकसित करने और जीवन के विभिन्न पहलुओं में उत्कृष्टता प्राप्त करने में मदद कर सकते हैं।

संक्षेप में, बचपन का विकास एक बहुआयामी यात्रा है, जिसमें रचनात्मकता को पोषित करना, अन्वेषण को प्रोत्साहित करना, व्यक्तिगत रुचियों का समर्थन करना, और संरचना और स्वतंत्रता के बीच संतुलन बनाए रखना शामिल है। बच्चों की रचनात्मक उपलब्धियों को पहचानने और जश्न मनाने, अन्वेषण और खोज के अवसर प्रदान करने, और एक सहायक और समावेशी वातावरण को बढ़ावा देकर, माता-पिता और शिक्षक बच्चों को जीवन की जटिलताओं को नेविगेट करने और उनकी पूरी क्षमता प्राप्त करने के लिए आवश्यक कौशल, आत्मविश्वास, और लचीलापन विकसित करने में मदद कर सकते हैं। इस समग्र दृष्टिकोण के माध्यम से, बच्चे अपने जुनून का पालन करने, अपनी प्रतिभा विकसित करने, और सार्थक तरीकों से दुनिया में योगदान करने के लिए सशक्त होते हैं।

उद्धरण और संदर्भ

यह पुस्तक व्यापक अनुसंधान और सूक्ष्म विश्लेषण का परिणाम है, जिसमें विभिन्न स्रोतों जैसे अनेक पुस्तकों, विद्वानों के अध्ययन और व्यक्तिगत अनुभवों को सम्मिलित किया गया है। इसके अतिरिक्त, मैंने इस कार्य को संकलित करने के लिए प्रासंगिक जानकारी और आंकड़े जुटाने हेतु विभिन्न वेबसाइटों की भी खोज की है। मैंने प्रस्तुत जानकारी की सटीकता सुनिश्चित करने के लिए हर संभव प्रयास किया है और सभी स्रोतों का विधिपूर्वक उल्लेख किया है ताकि उनके योगदान को सम्मानित किया जा सके।

इन प्रयासों के बावजूद, अनजाने में त्रुटियाँ होने की संभावना बनी रहती है। मैं अपने पाठकों के विचारों को अत्यधिक महत्व देता हूँ और किसी भी ऐसी त्रुटि की पहचान करने और उसे सुधारने के लिए आपके फीडबैक का स्वागत करता हूँ। मैं आपसे आग्रह करता हूँ कि किसी भी प्रकार की विसंगतियों को मेरी जानकारी में लाएँ।

आपका फीडबैक न केवल स्वागत योग्य है बल्कि अत्यावश्यक भी है, क्योंकि यह वर्तमान संस्करण में सुधार लाने और भविष्य के संस्करणों की सामग्री को और बेहतर बनाने में मदद करेगा। मैं अपनी कृतियों में उच्चतम स्तर की सटीकता और विश्वसनीयता बनाए रखने के प्रति प्रतिबद्ध हूँ और आपके समर्थन और समझ के लिए धन्यवाद देता हूँ।

इसके अतिरिक्त, मैं संविधान के अनुच्छेद 19(1)(क) के तहत गारंटीकृत अभिव्यक्ति की स्वतंत्रता के सिद्धांत का दृढ़ता से पालन करती हूँ और अपने सभी पाठकों के विविध दृष्टिकोणों और अभिव्यक्तियों का सम्मान करता हूँ।

Other Books Of The Author

1. Empowering Minds: A Journey into Women's Self-Discovery and Power
2. The Dynamics of Motivation: Catalyzing Thought into Action
3. Meditation and Mental Well Being: The Path to Inner Peace and Clarity
4. The Psychology of Child Education: Nurturing Future Generations
5. Ethical Enlightenment: A Modern Guide to Living with Integrity
6. Voices of Empowerment: Stories of Women Rising Against Odds
7. Social Psychology in Everyday Life: Understanding Human Connections
8. The Essence of Motivational Speaking: Inspiring Change in Others
9. Balancing Acts: Women, Work, and the Will to Lead
10. Guiding with Grace: Raising Children with Compassion and Awareness
11. The Power of Positive Aging: Embracing Life After Fifty
12. Building Resilient Communities: Social Work in Action
13. The Ethical Educator: Principles for Teaching and Learning
14. Innovative solutions for Social Change: The Role of Social Psychology for crafting a Better World
15. The Ethics of Empathy: A Guide to Ethical Living
16. The Science of Empowering the Self: Navigating Life's Challenges with Psychological Wisdom
17. The Mindful Conscious Leader: Meditation Techniques for Modern Management
18. Pioneering Spirit: Women's Pathways to Leadership and Empowerment
19. Feeling to Healing: The Role of Emotional Intelligence in Child Development
20. Transformative Talks and Words of Inspiration: Insights into

43. Altruistic Alchemy: Transforming Lives Through Giving
44. The Blueprint of Pro-Activeness and Productivity: Crafting Habits for Success
45. The Simplicity with Grounded Wisdom: Embracing Authenticity in a Complex World
46. Secret of Solopreneur's Odyssey: Navigating the Path to Self-Employment
47. Exploring Tapestry of Peace: Global Perspectives on Harmony
48. The Art and Actions of Connection: Mastering Communication for Impact
49. She Governs and at the Helm: Strategies for Political Empowerment
50. Rising Above and Rising with Grace: A Woman's Roadmap to Career Mastery
51. The Effect of Networking & Connectedness: Building Strategic Alliances for Women
52. Beyond his Barriers: Women Thriving in Male-Dominated Fields
53. Secret of Inner Compass: Navigating Life with Intuition
54. Creative & Pro-Active Muses: A Celebration of Women in the Arts
55. Unburdened: The Art of Releasing the Past
56. Amplified Voices: Speeches of Women that Astonished the World
57. Secret of Manifesting Dreams: A Woman's Guide to Intentional Living
58. Ethics and Value Based Education: Reimagining Japan's School System
59. The Moral Compass Curriculum: A Holistic Approach
60. Tech with Heart: Integrating Ethics into Digital Learning
61. Honoring Virtue: Recognizing Ethical Excellence in Education
62. Raising Good Humans: A Guide to Character Development
63. The Spark Within: Nurturing Creativity in Children
64. The Teenager Whisperer: Navigating Adolescence with Grace
65. Igniting a Passion for Learning: Inspiring Lifelong Curiosity
66. The Habit Lab: Cultivating Positive Behaviors in Children

༄

Contact

Dr. Minakshi Bansal
Social Activist
Ahmedabad, Gujarat, Bharat
dhanyamfoundation@gmail.com

|| LOKAHA SAMASTHAHA SUKHINO BHAVANTU ||

www.ingramcontent.com/pod-product-compliance
Lightning Source LLC
Chambersburg PA
CBHW031134130726
47988CB00006B/2365